دليل الفاشلين

بطاقة الكتاب

اسم الكتاب: دليل الفاشلين

المؤلف: أحمد فؤاد

التنسيق والإخراج الفني: أحمد إبراهيم عبدالرحمن

تصميم الغلاف: إسلام عادل

الطبعة الأولى: ٢٠٢٤م

رقم الإيداع: ٢٠٢٤ /١٦٣٤٥

الترقيم الدولي(ISBN):

الناشر: دار صيد الخاطر للنشر والتوزيع

المدير العام: أحمد فؤاد

للتواصل: ٠١٠٩٠٧٦٧٩١٩

العنوان: ميدان الساحة – الدقي – الجيزة

كتاب

دليل الفاشلين

أحمد فؤاد

بسم الله الرحمن الرحيم

إهداء

إلى التائهين..

دليل الفشلين

First edition. 2024.
Copyright © 2024 أحمد فؤاد.
Written by أحمد فؤاد.

تنبيه هام

هـذا الكتـاب لا علاقـة لـه مـن قريـب أو مـن بعيد بكتـاب (افشل بنجاح) وأى ترابط بين أفكار هذا الكتاب والكتاب الآخر هو من وحى خيالك انت

يا فاشل؟!

✹✹✹✹✹

هبدأ من بكرة

طيب أشوفك بكرة بإذن الله..

يا ترى بدأت؟!

بجد هبدأ خلاص من بكرة

فل أشوفك بكرة بإذن الله..

ها يا ترى اتزفتت بدأت؟!

لو مبدأتش من بكرة هبقى تييييييت

أنا هسكت عشان أنا محترم ومش هينفع أشتمك..

بس فل برده خلاص غدا لناظره قريب بإذن الله، أشوفك؟

هااااااا بدأت

طب حاولت

طب فكرت

ولا نسيت كعادتك؟!!

انت عارف إيه المشكلة؟

إنك بتنهى كل يوم زى اليوم اللى قبله، مجرد أفكار متتعداش أكتر من كونها شوية أمنيات وبس، ووالله احنا ظالمين لمعنى الأمنيات معانا؟!

هى فى الحقيقة شوية أحلام لخيالات جواك مش أكتر، طول ما انت بتنهى انهاردة زى امبارح عمر بكرة ما هيكون مختلف عن انهاردة.

فل متفقين؟

هنعمل دلوقتى حالا زى ما عملنا إمبارح بالظبط، هنبدأ اليوم بدون تحضير من امبارح، وهنشغل روحنا باللى يطلع فى إيدينا، شغل بقى، بيت وعيال، صحاب فى قعدة قهوة فى وسط بولة استميشن أو عشرة دومينه، ومتنساش نشتم ونسب بعض على أى حاجة كالعادة، واحنا متحاوطين بدخان من أجود أنواع الأدخنة المصرية والعالمية من أول حجر المعسل، مرورا بالسجاير اللف التبغ بتاعها غير وجاى

من بره، ولحد الفيب اللى بص ده صحى وواخد ترخيص من وزارة الصحة إنه بيساعد على تنقية الجهاز التنفسى وبيساعد كمان على الهضم؟!

مالك كده مش واخد راحتك وانت بتقرأ الكلام

إوعى تكون مفكر إنى هضيع وقتى عشان أكتب كتاب يحللك مشاكلك وعقدك النفسية والعصبية؟!

ولا تكون مفكر إنى وصلت لحل فيزيائى كيميائى لحل مشكلة الاحتباس الحرارى؟!

فوووووق يا عم يا انت..

أنت تقرأ أيوه كده قولها بفخر وبصوت عالى..

سمَّعنى كده صوتك وانت بتنطقها؟

أنا بقرأ كتاب دليل الفاشلين...

نكمل بقى يا صديقى عشان نتعلم إزاى نعيش فى ماية البطيخ؟!

ورقة بفرة

الورقة والقلم دول بتوع العيال التوتو لا مؤاخذة، لكن احنا بتوع ورق البفرة من الكشك اللى على ناصية الشارع بتاع القهوة؟!

أيوه كده زى ما بقولك..

أصلها معروفة يعنى، تفتح الكتاب من إياهم يفضل يقولك هات ورقة وقلم، وشخبط فيهم؟! واللى يقولك طلع كل الأسئلة اللى جواك فيهم؟! وواحد تانى يقولك حدد أولوياتك؟! يا سيدى احنا عالم لما بنتعب بتدخل الصيدلية تسأل دكتور أحمد اللى واقف فيها على وصفة لعلاج الأعراض اللى بنقعد نحكيهاله واحنا متأثرين كده، وده بيحصل مع علمنا التام بإن دكتور أحمد ده كان معانا فى الجامعة كلية حقوق وفضل الصيدلية على المحاماة؟!

فبلاش عشان خاطر أغلى حاجة عندك

تقولي طلَّع اللى جواك ورتب أولوياتك والحواديت دى

احنا الأولويات عندنا إننا نلاقى ديلر محترم نقضى من عنده استفاية كده من بتوع شمال افريقيا، أو الواحات، ويا ريت وانت جاى عالقهوة متنساش تجيبلنا ورقتين بفرة عشان متسوحش لما نجيب الحاجة، وانت عارف وقت اللف كله هيتبرَّى منك، ولو حد ادالك ورقة هيذلك بيها طول الليلة؟!

لكن نجيب ورقة وقلم وننظم حياتنا كده من بليل، نجيب قهوة ولا كاكاو ولا نسكافيه ونقعد نخطط لروحنا كده زى العيال التوتو؟! ناقص تقولى اعمل جدول متابعة للعادات اليومية؟! ولا تكون عاوزنى بقى بعد ما أقعد مع نفسى القعدة وأجيب ورقة وقلم وأحدد أهدافى الأسبوعية والشهرية إنى ألتزم بقى بيها؟ وأراقب نفسى كل يوم؟

قولها قولها أصلك خلاص نسيت نفسك..

عاوزنى أثبت الجلسة دى مرة كل أسبوع أو مرة كل شهر عشان أقيِّم نفسى وأعيد حساباتى، أشوف العادات والأهداف اللى قصرت فيها وأعالجها، وأحاول أزود فى

الإنجازات اللى حددتها وعملتها؛

تقصد جلسة تقييم يعنى؟!

فاهمك يا عم هو انت شايفنى عويل؟!

ده حوار ساهل أى حد ممكن يعمله؟!

بطل زن بقى وروح شوف حد غيرى تهرى على دماغه، عشان أنا اتطحنت شغل الأسبوع ده وبجد دماغى مليانة وش كده زى الوش اللى كان بييجى فى التلفزيون زمان، أيام لما كان التلفزيون وماسبيرو كلها بتنام من المغرب.

بجد مش مستحمل كلامك، يا أخى والجملة دى جوايا مش هعترف بيها مهما حصل؟! الكلام ده بيتعبنى، بيحسسنى إنى فاشل كده ومش عارف أسيطر على نفسى؟! مش عارف أعمل اللى نفسى فيه،

هو صحيح أنا نفسى فى إيه؟!

شفت بقى إنك هتفصلنى من قبل ما اتنيل أشرب، بقولك إيه سيبنى بقى عشان أعرف ألف عشان أنا على لحم دماغى

من الصبح، وكويس إنى لقيت ورقة بفرة معايا فى المحفظة عشان نستنى بكلامك ده واحنا جايين إنى أجيبها من عم حسين بتاع الكشك.

ياريت بس الإستفاية تطلع حلوة عشان ميبقاش انت وهى والشغل عليا؟!

وياريت بلاش أشوفك فى الصفحات الجاية..

من غير سلام؟!!

✸✸✸✸✸

لِكِبار الفشلة

الصراحة منكرش إن الكلام اللى جاى ده كان المفروض يبقى أدام شوية؟!

بس بصراحة أكبر من الصراحة الأولانية، حبيت كفاشل أحط التاتش بتاعى، وخصوصا إننا لسه متعرفين على بعض بقالنا كام صفحة يتعدوا على صوابع الإيد الواحدة، فاديت لنفسى الحق إنى أكلمك عن مناطق ذات خصوصية عالية الدقة تجعل بعض الأشخاص من ذوى الحساسية ـ إن لم يكن أغلب الأشخاص ـ يرفضون التحدث عن تلك المناطق المظلمة برغم جودة الفشل الإبداعى الخاص بها؟!

إيه يا عم الكلام ده؟! انت تانى بخليطك العربى عامى ده تقصد إيه؟!

طبعا سؤالك منطقى، سؤال بجد فى محله مش حالُّو يا حالُّو، والجواب يشبه سواد الليل كده مبهج فى جماله، وهادى برغم انفجار نجومه واشتعالها؟! وميتوِّهش أبدا اللى

حابب يرجع منه، دول هما بس يدوب عدد غير معلوم من النجوم فى قلب مجرة من مجموعة مجرات تسبح فى فضاء مجهول الهوية؟!

جواب سؤالك معقد جدا يشبه الأسئلة اللى فوق دى وأكتر بس فشله رهيب؟!

بس خلينا نبسَّط الدنيا ونكسر التلج اللى بينا بجواب بسيط من كلمتين..

غض البصر

طبعا هتلاقى واحد فاشل كبير كده أد الدنيا، من زمان طالق عينه على أى وحدة يلقطها ردار عنيه حواليه، تحس رقبته اتبرمجت على إنها ممكن تلف ٣٦٠ درجة لمجرد إنها ممكن تلقط مشهد ساخن فى خياله لوحدة معدية ومسلمتش عليا،

حاجة كده قمة فى فشل الروح إنها ترتقى حتى لأولى درجات سلم مجاهدة النفس.

المهـم تلاقـى الفاشـل الكبيـر ده يسـتغرب طبعـا مقدمـة الفصل اللى مليانة أسئلة تحسـك إننا هنتكلم عن موضوع شـائك للـنفس، ويكأننـا هنـتكلم عـن العـادة السـرية مثلا؟! وطبعـا أنـا بأيِّـده فى اسـتغرابه وتهكمـه وسـخريته واسـتهتاره بالموضوع.

قلنا إن ده فاشل كبير وموضوع غض البصر ده يعنى منسى بالنسباله، ، مجرد أصلا الجملـة دى غيـر واردة فى قاموسـه، وطبعا مبرراته واضحة لفشله، إنها لابسة كده ليه؟ وإنى من حقى أعمل اللى أنا عاوزه؟ وزى ما هى بتلبس براحتها أنا **كمان أبص براحتى؟ وقايمة طويلة من المبررات اللى بتكون فى شكل أسئلة عشان يبرر بيها الذئب المتذائب داخله.**

وطبعا تلاقيه بيقول جوه نفسه إن يعنى لو يعنى مبصتش حالى يعنى هيتصلح وهبقى شاطر ومؤدب يعنى؟! وهما اللى مبيبصـوش كسبوا إيـه يعنى غيـر إنهـم حرمـوا نفسـهم مـن الجمال؟! ومتعة النظر إلى الجمال؟! وبعدين يا أخى انت مالك أبص مبصش براحتى!!

إيه التدخل فى حياتى الخاصة ده؟!!

ناس معندهاش دم صحيح!!

هو هو نفس ذات الفاشل فى ذات نفسه، بتلاقيه عارف من جواه إنه بيعمل فعل حرام، بس برده فى ذات نفس الوقت مبيحبش حد يفكره بالحرام والحلال، ولو حد حاول، بس حاول إنه يدخله من الشارع ده، اللى هو من ناحية الحلال والحرام، **بتلاقيه فورا طلع مدفع النقد الآلى للى بيحاول ينصحه؛** هو انت ربنا (والعياذ بالله من ده سؤال)، ومين إدالك الحق إنك تحاسبنى؟! وبعدين منتا برده وانت وانت وانت عملت وعملت وعملت؟!

مش بقولك مدفع نقد آلى واللى ماسكه مش مجرد فاشل عادى، لأ ده واحد فاشل بدرجة وظيفة **كبير وكبير جدا كمان،** نقد على كل من يسكن كوكب الأرض بفضحه بسيديهات أفعاله المحرمة، وعلى ساكنى الكواكب المحيطة فى باقى المجرة مراعاة فرق التوقيت!

لكنه وبرغم كل الدوشة اللى بيعملها دى بتلاقى وصفه جوه الآية دى.. ﴿ وَجَحَدُوا بِهَا وَاسْتَيْقَنَتْهَا أَنفُسُهُمْ ظُلْمًا وَعُلُوًّا فَانظُرْ كَيْفَ كَانَ عَاقِبَةُ الْمُفْسِدِينَ ۝ ﴾ [النمل ١٤]

فانت لو كنت من الناس اللى بتعرف الحلال والحرام، بس عادى عندك إنك تجاهر بذنبك؟! أو تاخدك العزة بالذنب إنك بتتكسف تبان مذنب بفعل حرام أصاد الناس، وعشان كده بتآوح؟!

لكن عادى والعياذ بالله إنك تبان أصاد رينا على ذنب، ويتجاهر بيه؟!!

وكمان مش معترف إنه حرام خوفا من رأى الناس فيك؟!! أو اعتداد برأيك؟!!

أو أى سبب من الأسباب اللاواعية هى أصلا بقت سؤال كده إزاى؟!!!!

لو كنت من الناس دى، طبعا الكلام ده مش (ليك ، لقارئ الكتاب) اللى بيبحث عن ملامح الفشل مش عشان

يصلحها، لأ عشان يطور من نفسه فيها..

نكمل.. من وجهة النظر الفاشلة شكلا وموضوعا، فإن موضوع إطلاق البصر من عدمه، حينما نخرج به عن إطار الدين المتشدد؟! فإننا سوف نفتح الباب على مصراعيه لكل من تسول له نفسه فى ابتكار فشل روحى ودينى، اللى هو انت علّيت فأنا هعلّى تعلية محصلتش فى الكوكب قبل كده، وشوية وتشوف؟

إيه ده يعنى مش هشوف بكرة؟!

تؤتؤ كمان شوية..

التعلية دى بتدخلنا مرحلة الحرام العادى، المباح، والمستباح، والمألوف من وجهة نظر الجميع **فهى حرية شخصية يا أخى،** أنا ببص أنت متبصش، وبعدين مينا فينا اللى دماغه مليانة بالسكس يا و.....تيت؟ ها؟ أنا بتعامل عادى يعنى ومش شاغل بالى بالجنس اللى انت نايم صاحى بتفكر بيه، **للتذكرة تانى..**

احنا اتفقنا إننا بنتكلم بعيدا عن الحلال والحرام؟!!!!!!

نكمل يا فاشل..

أنا ببص عادى يعنى، ودى زى أختى، ومش كل حاجة هندخل الدين فيها؟!

كل دى إجابات أو للحق هى نوع من أنواع التعلية من فاشل أكثر حنكة وجرأة على استباحة تعلية فكره ووجهة نظره على أى دين سماوى، وده هينقلنا لليفل أعلى

(جواك بيقول هو فى أعلى من كده؟!! والرد أومال، طبعا بصوت المحامى إياه).

نراجع بس سريعا كده،

إحنا الأول كنا فى مستوى مناقشة النظرة أصلا وتحليلها ما **بين مؤيد ومعارض،**

وبعد كده اتنقلنا لمستوى وضعها على ميزان الحلال **والحرام،**

وبعدها اتنقلنا لمستوى غلبة هوى النفس على ميزان

الشرع،

ثم بعد ذلك التعود على الفعل وصبغه بنكهة دنيوية بحتة، وفقا لمبادئ الحرية والعدل والمساواة اللى موجودة فى وثيقة الأمم المتحدة رقم مش فاكر لسنة مش عارف صدقنى، ومتستناش منى معرفة هجرى ولا ميلادى؟!

وبعد كده اتنقلنا لليفل النقد المسبق كى لا يلحق أن يتنقدنى أحد، اللى هو خدوهم بالصوت قبل ما يغلبوكم،

ثم مستوى الاعتياد المجتمعى على تقبل الفعل، ونقد من يتنقده وفقا برده لوثيقة الأمم المتحدة اللى مش فاكر رقمها برده، فى وسط وثائق كتير للأمم المتحدة اللى مبتتنفذش؟! بس الوثائق بتاعة الحاجات دى بنفذها عادى وعالتخين؟!!

ليه لأ دول صفوة الفشلة اللى بيتحكموا فى المبادئ العامة اللى بتحكمنا فى الدنيا

المهم أصل الموضوع طويل سيادتك..

روحنا بعدها بما إننا اتنقلنا لتقبل المجتمع الدولى الكونى

للموضوع، لليفل البزنس؟!

أيوه يعنى إيه بقى؟!

شوف يا سيدى، ليفل البزنس ده إننا دخلنا إطلاق البصر والبص على محارم الله لمستوى نوعى متقدم من الفشل الأخلاقى والروحى، إزاى؟ **بقينا بنلعب على الغرائز الحيوانية المستخبية** فى وسط طبقات من المستويات السابق سرده ووصفها،

يعنى مش انت بتحب تبص؟ أيوه..

طيب إيه رأيك نعملك برامج أخبار ونجيب فيها شوية مزز يتكلموا عن أخبار انت وانا عارفين إنها فى الكنافة؟

ولا تحب نعملك برامج توك شو كده وبرده نجيب شوية مزز كده يفضلوا يضحكوا على أى مزحة أو طرفة سوية أم غير سوية؟

شوف احنا نعمل أفلام نصور بيها أسوأ واقع موجود فى المجرة، وعشان الحبكة الدرامية المهلبية نحضن ونبوس فى

بعض عشان التمثيل يطلع مظبوط، ولا حتى لو مفيش حبكة، احنا اتفقنا إننا فى ليفل خرجنا الدين بره الموضوع ده؟

بص احنا نعمل قنوات رقص، كفيلة دى تشعللها نار فى الكوكب كله، ولا نعمل إيه تانى آه جامدة دى؟

احنا هنبدأ الأول بالرقص على اليوتيوب، وهوب بعدها نعمللك مواقع إباحية وببلاش كمان يا سيدى، زقطط وفرفش وزقطط وفرفش، مواقع إباحية هنملا بيها شبكة النت تهيئة عشان نملا بيها دماغك، **لو حابب؟ وطبعا انت أكيد حابب.**

دى غريزة جوه فطرتك، متحاولش يعنى تمثل وتقولى مـش فـارق معايـا الحاجـات دى، عـارفين يـا سيدى إنك مكسوف بحكم ترتيبتك الشديدة، اللى ممكن تكون خلت الجنس فى حياتك من المحرمات؟! وعشـان كده لجأت من وانـت صـغير على اشباع رغبتك الغريزية إنك تتفرج على صـور عريانـة مرمية فى وسط الشارع على الرصيف أصاد الجامعة، عشان نفكرك إنك محتاج للجنس، وبما إن جسمك بيطلـب منـك عنـد البلـوغ إشباع رغبتك، فى ظل طبعا إن

الحصص بتاعة الجزء ده من حياتنا المدرس أصلا بيتكسف يشرحها للعيال فى المدرسة؟! ده لو أهالى العيال دى أصلا خليتهم يحضروا فى اليوم ده؟!

كل ده بيترجم فى دماغك الضعيفة إن الجنس حرام أو أقرب للحرام؟!

وبما إن الممنوع مرغوب، انت طبعك كده برده بتحب تستكشف، يمكن تكون وراثة من أبونا آدم عليه السلام، لما ساب الجنة العريضة اللى فيها ما لا عين رأت ولا أذن سمعت، وراح أكل من الشجرة اللى اتحرم عليه القرب منها مش مجرد أكلها؟!!

وراثة إننا مخلوقين ضعاف، مبنقدرش نصبر على شهوتنا، وعشان كده سيدنا محمد صل الله عليه وسلم أمرنا بعدم القرب من الأماكن اللى فى شبهة شهوات محرمة، لأننا بمجرد ما هنفتح بابها هندخل ونفجر على طول، شوف كده حديث سيدنا محمد صل الله عليه وسلم عن وصف مشهد ضعفنا أصاد شهواتنا..

(([عن النواس بن سمعان الأنصاري] ضربَ رسولُ اللهِ مثلًا صراطًا مستقيمًا، وعلى جنبَتَي الصراطِ سورٌ فيه أبوابٌ مُفَتَّحَةٌ، وعلى الأبوابِ ستورٌ مُرْخاةٌ، وعلى بابِ الصراطِ داعٍ يدعو: يا أيُّها الناسُ ادخلوا إليه جميعًا ولا تَتَعَوَّجوا، والداعِي يدعو من فوقِ الصراطِ، فإذا فُتِحَ بابٌ من تلكَ الأبوابِ قال: ويحكَ لا تفتَحْهُ ! إِنْ تفتَحْهُ تلِجْهُ، والصراطُ: الإسلامُ، والستورُ: حدودُ اللهِ والأبوابُ المفتَّحَةُ: محارِمُ اللهِ عزَّ وجلَّ)).

الألباني (ت ١٤٢٠)، تخريج كتاب السنة ١٩ • صحيح

دي طبيعة متقلقش مش لوحدك اللى بتفكر بالشكل ده، هى النفس فى الكتالوج بتاعها الطباع دى، ويمكن دى من رحمة ربنا سبحانه وتعالى بينا عشان نعمر فى الأرض كخلقاء الله عز وجل فى الأرض.

كان لازم غريزة الشهوة دى تكون جوانا عشان نستغلها فى الحلال بالزواج على كتاب الله وسنة رسوله صل الله عليه وسلم، بحكم إن الزواج مليان صعوبات وتفاصيل كتيرة

أوى، حياة بتكون مسئول فيها عن زوجة وأولاد، مسئول عنهم بكل تفاصيلهم، اللى كلنا عارفين إنها ممكن أوقات تكسر الواحد مننا وتوقعه فى وسط المعجنة بتاعة الحياة،

وعشان كده كان لازم تكون الشهوة دى محببة فى فطرتنا عشان نتحمل بسببها كل التفاصيل والحكايات اللى جبنها منها إبرة فى وسط كوم قش؟!

تخيل..

لو كان الكلام ده اتحكالنا بهدوء وقت البلوغ فى المدرسة؟!

كان هيبقى حال أجيال طالعة عامل إزاى؟ بدل ما احنا بنحشى فى عقولهم الجذر التربيعى؟! واللى طبعا كلنا بنستخدمه فى حياتنا بشكل يومى؟!!

ويا سلام لو كنا جبنا كام آية من القرآن الكريم، مع كام حديث عن رسول الله محمد صلى الله عليه وسلم عن الموضوع ده.

أعتقد مكنش حد هيلجأ إنه يسأل عن تفاصيل الموضوع

ده من حد تانى شبهه، معندوش أى خبرة ولا دينية ولا دنيوية،؟! ويا عالم المعلومات اللى اتحكتله عرفتها منين، من موقع إباحى؟! ولا من حد مارس الزنا؟! ولا من حد عرف من حد عرف من حد عمل الحاجات دى أو حاجات تانية غيرها؟!

طبعا الرغى اللى فات ده كله كان للفاشلين قبل الناجحين عشان بيعرفوا تاريخ أجدادهم الفشلة الكبار فى استثمار الفشل الدينى واللى بيودينا لفشل روحى، والأخير بينقلنا لفشل أخلاقى مجتمعى دولى كونى مالوش مثيل؟

ركز معايا يا فاشل وسيبك من الموقع اللى هتدخل عليه دلوقتى، مجتش من ليلة تتنيل تعرف تاريخ أمجادك من الفشلة الكبار.

وعشان عارفك مش هتعرف تمسك نفسك عن شهوتك، هتكلم بس عن نقطتين وهلم ورقى، بس الفصل ده بس.

هنا أجدادنا الفشلة الكبار (صفوة الفشلة) هيأوا لينا الجو، إنه يبقى صيفى مائل للقلع نهارا، وكثير القلع والفجر

ليلا، مع احتمال سقوط أمطار غزيرة بسبب حقيقى أو وهمى؟!

أجدادنا الفشلة كان عندهم علم فهموا بيه إن غريزة الشهوة للجنس كده كده موجودة، مهما حفرنا جوانا وردمنا عليها،

وبما إن مفيش الناحية التانية دين يمنع تطرف الشهوة دى، والطغيان فيها يعنى الخروج عن الحد الحلال المباح، المسموح بيه،

ومفيش تربية توصل للجيل ده يعنى إيه جنس؟ وإيه دوره فى حياتنا؟ وإزاى بيكون جنس حلال وحرام مع إن النتيجة واحدة وهى إفراغ الطاقة الشهوانية دى من جسمنا؟

وإزاى نقدر نسيطر على شهوتنا؟؟

بالقرب من الله عز وجل، بمعرفة من هو الله بأسمائه وصفاته؟ عشان نحبه ونخاف منه ونرجوه أن لا يكلنا إلى أنفسنا طرفة عين،

وبمعرفة دينه اللى أول حاجة مهمة فيه من بعد معرفة أركان الإسلام، إننا نعرف إننا مخلوقين للعبادة، ﴿ وَمَا خَلَقْتُ الْجِنَّ وَالْإِنسَ إِلَّا لِيَعْبُدُونِ ۝ ﴾ [الذاريات ٥٦]

وإن فيه رب بيتولى عباده بالإرشاد فى الدنيا بقرآن كريم معجز بين إيدينا ننور بيه بصيرة قلوبنا، ونفهم بيه الحلال والحرام، ونعرف إزاى نعدى بالنفس بكل طباعها دى فى وسط دنيا مخلوقة على مقاس النفس عشان تتوهها جواها، عشان تنسيها وننسى بيها وفيها السبب اللى اتخلقنا له وهو عبادة الله عز وجل، ومعرفة ما يرضيه للسعى فى طلبه، وما لا يرضيه لتجنب القرب حتى من أماكنه، والله المعين والمستعان.

كل تفاصيل الدين دى، أجدادنا الفشلة نجحوا، إنهم يخرجوها من المنهج اللى بندرسه؟!
فطلعت أجيال بتتكسف تتكلم عن الموضوعات دى، فالمنهج بقى عامل زى الكنافة الطرية الهشة من بره، محشية سودانى ومكسرات وجوز ولوز وبيض وزيتون وجبنة

وحاجات كده مفيهاش أى نوع من الاستفادة، مع اعتماد كلى وجزئى على الحفظ وتشجيعه وخلاص وهو كده؟!

ولما شوية المتدينين بتوع الإسلام المتشدد دول، نجحوا إنهم يحافظوا على وجود الدين كمنهج دراسى وله امتحان، نجحوا أجدادنا الفشلة إنهم يخلوا مس سهير بتاعة العربى هى اللى تدرس الدين لحد ما يجيبوا مس دين؟! مع العلم إن مس سهير هى هى اللى بتدرس دراسات اجتماعية لحد ما يجيبوا برده مس دراسات؟!

أجدادنا الفشلة نجحوا نجاح باهر فى النقطة دى

ولما فضيت أرض المعركة لهم، قدروا ييقدموا المحتوى الجنسى السوى والغير سوى، المحتوى الجنسى القصصى، واللى مليان عنف، والسادى، **وجنس الشواذ (واللى بالمناسبة من بعد ما كانوا بيخافوا يظهروا فى وسط المجتمع بقى ليهم برده صوت بس هبقى نحكى عنهم فى فصل تانى)**، وجنس المحارم، وغيرها من أنواع الجنس المختلفة اللى خلت حرايق الشهوات فى أجساد الأجيال

الجديدة بالقديمة أكبر من حرايق حشائش السافانا فى أفريقيا جمعاااااء!!

مش بس كده..

قـدروا ينجحـوا إنهـم يوصلـوا بمحتـواهم للفاشـل اللى بيجاهر بفشله عادى يعنى، فى زيى كتير على فكرة.

وكمـان **يوصلـوا للفاشـل اللى بيتكسف**، اللى هـو ممكن يكـون اتجوز على فكرة بـس يا إمـا لسـه بيدخـل يتفـرج على المواقـع عشـان يحـاول يطبـق اللـى شـافه، وممكـن يـروح لمحرمـات بـس هـو حابـب يجربـها وخـلاص، أو إن العلاقـة الزوجية تبقى غير كافية بالنسباله؟! فيلجأ إلى الزنـا عشان يشبع شهوته بحكم إن تعدد الزوجات حرام؟!

(مـن وجهـة نظـره الفاشـلة طبعـا؟! ، وهنبقى نتنيـل بـرده نتكلم عن النقطة لو افتكرت موعدكش).

أو يـروح إنه يمارس العادة السرية، عشان يريح نفسـه، وده طبعـا إن مكنـش بيعملهـا مـن ساعة مـا بلـغ، واتعـود عليهـا ومبقاش عارف يبطلها، فاتحولت لفشل بقى بيجاهر بيها لحد

سن معين، وبعد السن ده بيبقى صعب يجاهر بالفشل ده، إلا لو كان لفاشل بارع من صفوة الفشلة اللى زيه، بس ده بيبقى استثناء لقاعدة المجاهرة من بعد السن ده واللى فى الغالب بيبقى من بعد سن التلاتين.

نجحوا أجدادنا الفشلة إنهم يوصلوا بمحتواهم للفاشل الفاجر، وللفاشل اللى بيتكسف، ووصلوا بالفاشل اللى بيتكسف إنه يمارس عادته بهدوء فى **وسط مواقع إباحية مجانية مليانة بزنس وفلوس كتير بتتصرف لمجرد إنك كفاشل متعرفش تخرج من دايرة فشلك فى الركن ده** ودى نقطة كويسة بيستحقوا الشكر مننا كفشلة عليها، وبين **إن الصرف ده يجذب المزيد والمزيد من عبيد الهوى والشهوة والدنيا**، واللى مفيش جواهم دين يقدروا يواجهوا بيه تلك النيران المشتعلة داخلهم وخارجهم،

حتى أصبح كوكب الأرض الكوكب الفائز بالمركز رقم (١) فى المجرة كأكثر كوكب سخن ولعة شطة نار؟!!

وهنا يحضرنى رسالة جدنا الفاشل الهمام، والذى يعتبر

من صفوة الفشلة عبر التاريخ، هو **نابليون بونابرت** يخاطب جدنا الآخر الهمام أيضا **كليبر** فى رسالة أثناء احتلالهم لمصر، وذلك من بعد هروب نابليون إلى بلده الأم؟! وليس هذا مقام يصلح للاستفاضة فى هذه الجزئية، ولكنى أحيلك على كتاب رسالة فى الطريق إلى ثقافتنا، كتاب حقا سيغرة بصر عينيك، وبصيرة قلبك للحياة؟!

دعنا نقتطف الثمرة من بذور تلك الرسالة، والتى أنقلها كما هى من الكتاب الذى أحلته عليه فى الكام سطر اللى فاتوا، كتاب رسالة فى الطريق إلى ثقافتنا للدكتور محمود محمود شاكر، **تأملها منبهرا:**

((اجتهد فى جمع ٥٠٠ أو ٦٠٠ شخصا من المماليك، حتى متى لاحت السفن الفرنسية نقبض عليهم فى القاهرة أو الأرياف وتسفرهم إلى فرنسا، وإذا لم تجد عددا كافيا من المماليك، فاستعض عنهم برهائن من العرب ومشايخ البلدان، فإذا ما وصل هؤلاء إلى فرنسا يحجزون سنة أو سنتين، يشاهدون فى أثنائها عظمة الأمة الفرنسية، ويعتادون

على تقاليدنا ولغتنا، ولما يعودوا إلى مصر، يكون لنا منهم حزب يُضمَّ إليه غيرهم...

((كنت قد طلبت مرارا جوقة تمثيلية، وسأهتم اهتماما خاصا بإرسالها لك، لأنها ضرورية للجيش، وللبدء فى تغيير تقاليد البلاد.)).

قبل ما نلم ورقنا حابب بس أوجه جملة صغيرة لمن يسعى للنجاح..

عشان ميتقالش علينا إننا منحازين لجانب ضد جانب، زى اللى بيقدم فى برنامج رياضى وهو أصلا عضو اتحاد الكرة، والمفاجأة إنه بيتفاجئ بالخبر اللى هو لسه مصوَّت عليه صويت جايب آخر مبنى الاتحاد، **قال منحاز قال؟!**

بص يا عم من تسعى للنجاح انت، وعاوز تحارب العادة السرية من أساسها، وهو الدخول على المواقع الإباحية، فى كتاب محتواه قيم جدا، وبينقل تجارب لناس كتير أوى فى نفس حالتك، ويمكن أسوء كمان، الكتاب اسمه **(دماغك**

تحت تأثير الإباحية) اقرأه يمكن تنتفع بيه، وطبعا الفاشل اللى بيقرأ الفقرة دى، الكلام ده مش ليك بصوت محمد هنيدى؟! انت تكمل فرجة لحد ما فرصتك فى التوبة تروح بالموت؟!

أشوفك الفصل القادم يا صديقى..

*****

فنجان قهوة مع سيجارة

طيب.. بما إن النجاح مفهومه اتطور واختلف اليومين اللى فاتوا دول، والفضل يرجع لتنوع التنمية البشرية، والعيال التوتو اللى بيصدقوا كلامهم، وبيطبقوه على نفسهم، لأ وكمان بينصحوا اللى حواليهم بيه، بيبظوا بيئة الفشل اللى نجح أجدادنا فى الوصول ليها.

وتلاقيهم معشمين الساكنين فى كوكب الأرض من البنى آدمين، إن كلهم هيبقوا سوبرمان، هيطيروا فى الجو، وإنهم لو عملوا واحد واتنين وتلاتة وأربعة المذكورين فى باب النجاح، تحت فصل الحاجات اللى تتعمل عشان أنجح، هينجحوا؟!!؟

لو عملوا الحاجات دى، هينوروا فى الضلمة، وهيمشوا على المايه، نسور فى الجو، ضفادع فى البحر، تنمية بشرية بشرية بشرية؟! وهيفوزوا بمسابقة (أنجح ناجح)، والتى ترعاها وزارة التعليم العالى على مستوى الجمهورية، وتحت

إشراف وفضل وكرم أستاذ ممدوح وكيل أول الوزارة، واللى من غير كنا ممكن نموت من الجوع مش نعمل المسابقة اللى اتكرمنا ووافقنا إنكم تدخلوا فيها يا شوية ناجحين ساعين للتميز على حساب صفوة الصفوة اللى مبيعملوش حاجة؟!

ولما آلت إليه تلكموا الأحداث،، فقد آن لنا نحن معشر الفشلة التدخل بقراءة واقع العيال الناجحين دول، عشان مجتمع الفشلة ميقلش، وحفاظا منا على ما ورثناه من تراث ملئ بفشل أجدادنا كما سبق ذكره فى الفصل السابق.

طيب.. من ضمن الحاجات اللى بيعتقدوها بتوع التنمية البشرية، وبتاكل مع الناس، إنك لازم تفكر فى حلول للمشكلة، بدل ما تفكر فيها بدون ما توجد حلول، تحت باب المشاكل والمفتاح عشان تعيش مرتاح؟!، فصل..

متبصش للمشكلة وتصورها .. دوّر على حلول ليها وغوّرها

وهنا وجب منا التدخل؟! إزاى بقى؟!

طب ما تيجى نشوف..

بعتنا حمادة ابن أخت مجدى (عم العيال)، والذى له باع طويـل فى الفشـل بمختلـف طرقـه، بعتنـاه ياخـد كـورس مع العيال دى، ورجع لنا بالفكرة وكيفية جعلها فكرة فاشلة بـرغم إطلاق مسمى النجاح على مـن يستخدمها ويطبقها؟! طب إزاى الكلام ده؟!

قلنـا إن التفكيـر مطلـوب، ومحدش منعـك إنـك تفكـر فى مستقبلـك، وتخطط لنفسك عشـان تنجح فى الوصـول أفضـل نسـخة منـك، شـفت بقـى إحنـا علّينـا عليهـم كمـان، **هما كانوا بيعتقـدوا بحتميـة الوصـول مـادام السـعى صـاحى وبالحب معمول**، احنا بقى قمنا جينا وقلنا لأ السعى مطلوب والتايج مفيش حتمية لتحقيقها ولا حاجة، والدليل موجـود فى القـرآن الكريم (أومال إيه احنا فشـلة آه لكـن متدينين بـرده ؟!!!!)، والآية اللى جاية بتوضحلنا إنك ممكن تاخد بكل الأسباب المتاحة جواك وحواليك عشـان توصـل للهـدف اللى نفسـك فيه وبرده متوصلش، اقراها كده..

﴿ وَأَن لَّيْسَ لِلْإِنسَنِ إِلَّا مَا سَعَىٰ ۝ ﴾ [النجم ٣٩]

وهنا قمنا ضاربين عصفورين بحجر واحد..

عملنا ثقب كونى نشفط بيه حبة من اللى عاوزين ينجحوا دول، واللى فى الغالب بقالهم كتير بيحاولوا يوصلوا لنتايج بخصوص أهدافهم، ويا سلام لو كانوا اتمرمطوا وأخدوا بكل الأسباب المتاحة فى حياتهم فى الوقت الحالى، ناخدهم وندخلهم فى الثقب ادودى الكونى ده ونطلعهم الناحية التانية يائسين إنهم يوصلوا، مستسلمين لواقعهم الذى وإن كان يظهر بؤسه عليهم، ففى داخلهم من البؤس الكافى لدخول أهل الأرض فى العصور المظلمة اللى كانت أوروبا مزنوقة فيها كام قرن من الزمن، قبل دخولهم العصور المنيرة من بره الشديدة السواد من جوه لمن يتدبر؟! ما علينا مش موضوعنا الحتة دى كفشلة نتكلم فيها.

نكمل..

ونجحنا إننا نيأس الناس دى من رحمة ربنا (والعياذ بالله)، وننسيهم إن زى ما ربنا سبحانه وتعالى أمرنا بالسعى مع إمكانية عدم الوصول للهدف المراد تحقيقه، زى ما أكرمنا

برده إنه وضحلنا إن ممكن يكون ابتلاءك خير ليك وانت مش عارف..

﴿ وَعَسَىٰ أَن تَكْرَهُواْ شَيْئًا وَهُوَ خَيْرٌ لَّكُمْ وَعَسَىٰ أَن تُحِبُّواْ شَيْئًا وَهُوَ شَرٌّ لَّكُمْ وَٱللَّهُ يَعْلَمُ وَأَنتُمْ لَا تَعْلَمُونَ ﴿٢١٦﴾ ﴾ [البقرة ٢١٦]

ووضحلنا برده إن الدنيا فى الأصل هى دار ابتلاء واختبار، وإنك كده كده هتتعرض للاختبار (الفتنة) ده عشان تبان انت فعلا عاوز ربنا عليك، ولا مجرد تمتمة بكلام لا تعدى كونه كلام يجاوز تراقى رقبتك ولا يصل حرف منه إلى قلبك؟

﴿ وَلَقَدْ فَتَنَّا ٱلَّذِينَ مِن قَبْلِهِمْ فَلَيَعْلَمَنَّ ٱللَّهُ ٱلَّذِينَ صَدَقُواْ وَلَيَعْلَمَنَّ ٱلْكَاذِبِينَ ﴿٣﴾ ﴾ [العنكبوت ٣]

وفهّمنا سبحانه وتعالى إن عطاء الله لعباده من زينة الدنيا مش معناه إنه راضى عن العبد، ولا منعها عنه معناه إنه غاضب عليه،

﴿ فَأَمَّا ٱلْإِنسَٰنُ إِذَا مَا ٱبْتَلَىٰهُ رَبُّهُۥ فَأَكْرَمَهُۥ وَنَعَّمَهُۥ فَيَقُولُ رَبِّىٓ أَكْرَمَنِ ۝ ﴾ [الفجر ١٥]

﴿ وَأَمَّآ إِذَا مَا ٱبْتَلَىٰهُ فَقَدَرَ عَلَيْهِ رِزْقَهُۥ فَيَقُولُ رَبِّىٓ أَهَٰنَنِ ۝ ﴾
[الفجر ١٦]

﴿ كَلَّا بَل لَّا تُكْرِمُونَ ٱلْيَتِيمَ ۝ وَلَا تَحَٰضُّونَ عَلَىٰ طَعَامِ ٱلْمِسْكِينِ ۝ وَتَأْكُلُونَ ٱلتُّرَاثَ أَكْلًا لَّمًّا ۝ وَتُحِبُّونَ ٱلْمَالَ حُبًّا جَمًّا ۝ ﴾ [الفجر ١٧-٢٠]

ليس الأمر كما يظن هذا الإنسان، بل الإكرام بطاعة الله، والإهانة بمعصيته، وأنتم لا تكرمون اليتيم الذي مات أبوه وهو صغير، ولا تحسنون معاملته، ولا يَحُثُّ بعضكم بعضًا على إطعام المحتاج الذي لا يملك ما يكفيه ويسدُّ حاجته، وتأكلون حقوق الآخرين في الميراث أكلًا شديدًا، وتحبون المال حبًّا مفرطًا. ـالتفسير الميسرـ

بالعكس؟! الحقيقة ممكن تكون عكس كده خالص، زى ما وضحلنا على لسان نبيه محمد صلَّ الله عليه وسلم فى

الحديث ده..

(([عن عبدالله بن مسعود:] **إنَّ الله قسم بينكم أخلاقكم كما قسم بينكم أرزاقكم، وإنَّ الله يُعطي الدُّنيا من يُحبُّ ومن لا يُحبُّ، ولا يُعطي الإيمانَ إلّا من أحبَّ**، فمن ضنَّ بالمالِ أن يُنفِقَه، وخاف العدوَّ أن يُجاهدَه، وهاب اللَّيلَ أن يُكابدَه، فليُكثِرْ من قولِ: سبحان اللهِ، والحمدُ للهِ، ولا إلهَ إلّا اللهُ، واللهُ أكبرُ)).

الألباني (ت ١٤٢٠)، السلسلة الصحيحة ٢٧١٤ • إسناده صحيح

طبعا انت بتسأل نفسك دلوقتى، إزاى أنا وانت كفشلة برغم علمنا بكل الكلام ده..

ليه متغيرناش؟!!!!!!

احنا فشلة مثقفين، الدين بالنسبالنا (والعياذ بالله) ثقافة ومعرفة وعلم وآيات بناخد منها البركة، وسورة كهف بنقراها يوم الجمعة واحنا بناكل سطورها بدون تدبر أو فهم للمعنى.

ما بين اللى اتعود ونفسه عودته إنه يبقى جبلة، داخل على سورة الكهف وهدفه منها واحد إنها عادة واتعود يعملها، مش بيدور جواها على رسالة تفيده فى حياته؟!

اتعودنا نروح نصلى الجمعة عشان عنينا تقفل فى الخطبة، لحد ما الراجل الشيخ الخطيب الطيب يخلص، ولو شفناه بعد الخطبة نقوله بقلب كده (الله يفتح عليك)، مع سنة الجمعة فى السريع كده، عشان نروح جرى نكمل الفشل المعتاد والطبيعى اللى مارسناه فى وسط طقوس اليوم بدون تدبر ولا فهم ولا طلب إرشاد منه سبحانه وتعالى ولا معونة منه.

آخرنا لما نتزنق فى فلوس يا نروح نتصدق بملاليم، وإن تصدقنا عدل بيبقى حتى من غير ما نشغل بالنا باللى هياخد الفلوس، محتاج فعلا ولا مهنته الشحاتة؟!

بنتعامل مع الموضوع برده زى معاملة قراءة القرآن بركة و تجميع حسنات خلاص، ولا يوجد أى تعارض بين آياته وبين واقعنا وذلك لعدم وجود تدبر أثناء قراءتنا للآيات، وإن وجد

ذلك التدبر لا يتعدى كونه شوية طأطأة كده للدماغ إيحاءا بالفهم للبدء فى التغيير والعمل على مجاهدة النفس، لتشابه واقع ما تدبرناه من آيات، ولكن سرعان ما يتبخر ذلك التدبر.

أيوه بالظبط (خدتها من على طرف لسانى) كده زى خطبة الجمعة لو لقطنا منها كلمتين جم على الوجع، وبعدها خد قرصين مسكن وانسى وكمل فشلك الدينى فى عدم الوصول إلى معنى العبودية والاستسلام والخضوع لمن خلقك، بتقديم قلبك إلى مواعظ من يذكرك بأيام الله، **لعلها تكون سبب فى طاقة نور يشرح لك بها الله صدرك، ليسع وجبته الإيمانية اللتى تتغذى روحه عليها، ويدونها يكون كالميت، جسد بلا روح فى انتظار بعثه يوم القيامة؟!!!**

﴿ أَمْوَاتٌ غَيْرُ أَحْيَاءٍ ۖ وَمَا يَشْعُرُونَ أَيَّانَ يُبْعَثُونَ ۞ ﴾ [النحل ٢١]

شفت بقى إننا فشلة مثقفين إزاى، ووقعنا الناجح اللى كان بياخد بالأسباب وبيسعى!!

خليناه برغم علمه بكل الكلام ده، وأكتر منه كمان بحكم

سعيه، إنه ييأس من روح الله ويدخل فى زمرة الكافرين؟!

﴿ يَٰبَنِىَّ ٱذْهَبُوا۟ فَتَحَسَّسُوا۟ مِن يُوسُفَ وَأَخِيهِ وَلَا تَا۟يْـَٔسُوا۟ مِن رَّوْحِ ٱللَّهِ إِنَّهُۥ لَا يَا۟يْـَٔسُ مِن رَّوْحِ ٱللَّهِ إِلَّا ٱلْقَوْمُ ٱلْكَٰفِرُونَ ﴿٨٧﴾ ﴾ [يوسف ٨٧]

نكمل..

بعد ما وقعنا شوية الجماعة دول، فاضل بقى إننا ندغدغ المبدأ بتاع التفكير نفسه، لكننا وقبل ما نوقع المعبد على دماغنا ودماغهم، قررنا إننا نعمل فى المبدأ ده تعديل بسيط، نونو خالص كده ومقطقط بصوت بمبة صاحب تيمون وسيمبا. متضحكش يا فاشل).

التعديل البسيط ده ومش هطول هنا، هلخصه فى قرار كلنا اتخذناه تقريبا من تانية ابتدائى؟! ولم يتم تنفيذه حتى الآن؟!!!!

يلا نروح الجيم؟!!!!!!

القرار ده قرأته فى مجلة اسبانية، صدرت فى خلال ثورة

أيلـول فى التاسـع عشـر مـن القـرن الماضى؟! وقـررت مـن حلاوته إنى أطبقه، ومن وقتهـا تقريبا حجزت اشتراك الجيم فى مختلف النوادى، على اختلاف أشكال وأحجام المدربين، **هذا وقد بلغ عدد الأيام التى استمتعت فيها باشتراك الجيم لا يتعـدى الأسبوع الواحـد متفرق بأيامـه، وسـط شـهور مـن الاشتراكات الشهرية الضائعة؟!!**

أو زى قرار عاوزين نعمل مشروع وكفايـة شـغل عند ناس مبتقـدرناش، بـرده القـرار ده نـوقش فى مجلس الأمـن وتم الموافقـة عليـه، ووصـل القاهرة سـنة ٩٠ ميلاديـة، وبـرده تـم اتخاذه، ثم سقط بفيتو من النفس التى تهـوى الفشـل وتشجع مواهبه، وتنمى قدراته السـلبية حتى لا يستطيع الجسـم تنفيذ أى أوامر منطقية للعقل؟!!

بساطة التعديل كان..

فكر، ثم فكر، ثم فكر، ثم فكر، ثم فكر.......

إلى اللانهائية وما بعدها؟!!!!

لأ كده الموضوع ده شكله محتاج فنجان قهوة وسيجارة؟!

عشان نعرف نفكر فى خلال الأربعتاشر خمستاشر سنة اللى جاية، هننفذ القرار ده إزاى، وخصوصا إننا عاوزين جيم يكون بيفتح ٢٤ ساعة، ويكون جنب حمام بيتنا عشان منكسلش، أو للى بيفتحوا مشروع، مهم أوى إنك تجمع ٦٥ شريك من صحابك القاطنين بمحافظة القاهرة، ومتنساش تنادى على صاحبك السوهاجى والقناوى و.......... عشان المشروع يبقى جاحد؟!

بقولك إيه..

ما تطلبلنا فنجانين قهوة عشان نفكر كويس؟!!!

****

حيوان الكوالا

((من المميزات اللى بتميز حيوانات الكوالا **بأنها غير مترابطة**، ولكن ذلك لا يشمل علاقة الأم بأطفالها، والجدير بالذكر أنّ حيوان الكوالا ينام ما يقارب ٢٠ ساعة في اليوم)). موقع سطور

بس للأسف هى كائنات مهددة بالإنقراض

طيب إيــه دروس الفشــل المســتفادة مـن هـذا الحيوان الاسترالى العجيب، إنه بـرغم الإمكانيـات القوية اللى عنده واللى هنذكر منها جزء فى المقال اللى جاى دحالا ده..

((لأن شــجرة الكـافور أو مـا يسـمى بشـجرة الكينـا أو الأوكـالبتوس هي الغذاء الأساسي لحيوان الكوالا، وتتميز هذه الشجرة بأوراقها الزيتية للغاية، **التي من الممكن أنّ تكون شديدة السميّة لبعض الحيوانات**، كما **أنّها تتميز أيضًا بأنّ أوراقها ليفية**، مما يجعلها صعبة المضغ والهضم (ده كده بالنسبة لأكله مليان سميات وصعب الهضم؟!)، ولكن

بـالرغم مـن ذلـك فـإنّ حيـوان الكـوالا يمتلك خصـائص جسـمانية سـاعدته على تنـاول هذا النوع مـن الأوراق، **ومـن هذه الخصائص أسنانه الحادة؛** فبـواسطة الأسنان الأماميـة يسـحب الكـوالا أوراق الكينـا، ومـن ثم بواسطة الأضـراس الداخلية يمضغها بشكل جيـد للحصـول على المـاء وجميع العناصر الغذائية المخزنة داخل الورقة، **ويمتلك الكـوالا أيضًا ما يسمى بالكيكوم، وهو جزء من الجهاز الهضمي يحتوي على كائنات حية دقيقة تقوم بهضم أوراق الكينا القاسية**)).

موقع سطور

ويـبالرغم مـن المهـارات دى عـادى بتطلب معـاه ينـام ٢٠ ساعة فى ال ٢٤ ساعة؟!

المطلوب؟!

أنسنة الكوالا بطريقة تلائم الطبيعة البشرية؟!

بـاختصار عشان عارفك فاشل وهتمـل مـن النقطة بسرعة، عـاوزك تتقمص شخصية كائن الكـوالا، بـس للأسف عـن تجربـة سكة النـوم لمـدة ٢٠ سـاعة دى فى اليـوم هتهلكك،

ومش هتحقق الفشل المطلوب منك إثباته لنفسك، قبل ما يكون لمجتمع الفشلة ولصفوة أجدادنا الفشلة القدامى.

مطلوب منك تموِّت مهاراتك جواك، تنيمها هي مش انت اللى تنام؟!

لو انت نمت المدة دى (ده إن عرفت تتنيل تنام أصلا، إلا لو واخد مهدئات ده وضع تانى) لو حضرتك نمت المدة دى، هتصحى مهدود ومكسر، وده هيأثر على أداءك فى التفكير العشوائى اليومى اللامحدود فى أحلامك اللى هتفضل أحلام زى ما اتفقنا فى الفصل اللى فات، ولو انت فاشل وبتنسى، فنصيحة بلاش ترجع، **طوِّر مهارة الفشل جواك بلا مبالاة لفحص ذاكرتك، أو علاجها بوجود الورقة والقلم معاك دايما.**

محتاج تنيِّم إمكانياتك، وأفكارك الإيجابية، وأحلامك اللى سهل تحقيقها بشوية إرادة على حبة سعى، **محتاج تنيِّم** روحك وقربك من ربنا ومن كلامه فى القرآن الكريم، **تنيِّم نفسك** عن القرب من صحبة صالحة تخليك تبطل عاداتك

اللى كانت ومازالت السبب فى فشلك، وفى وسط مانته بتعمل كده، **محتاج تصدَّر لنفسك الشك فى قدراتك، مع شوية أفكار سلبية؛** يعنى أنا منجحتش فى كل السنين اللى فاتت دى برغم الشقلبة هنجح دلوقتى يعنى؟ ومتنساش تستحضر مشهد مجتمع الفشلة على مستوى كوكب الأرض، ولا أقولك بلاش لتتنقط من نجاح واحد فيهم فى فشله لدرجة نقلته من الفشل للنجاح؟ ولا تلاقى واحد جامد فى فشله وطبعا انت لا سنك ولا لياقتك يسمحوا بالشقلبة دى، ومتنساش وانت مخلى العيال الصغيرين جواك بيوزعوا ورق عن فقدان الهمة، وهشاشة الإرادة، واستحالة الأسباب من البداية لتحقيق أبسط الأهداف، وقدرة النفس على بسط هيمنة الفشل داخل أراضى العقل والقلب،

متنساش وانت بتعمل الكلام ده **بالتكرار،**

لأن التكرار هو اللى هيخلق جواك اليقين بفشلك، وهيأكد بجيشه من المشاعر، إنك خلاص نفذ رصيدك من محاولات السعى لتحقيق أى حاجة نفسك فيها، باختصار كل عيش،

وعيش وخلاص، انهاردة زى بكرة، زى امبارح، ولو حسيت بضمير صحى جواك عن طريق صوت كده، بيوشوشلك إنك كويس، وبيدلك على خطوة صغيرة، بسيطة فى سعيك مرة تانية.

إنك مهما طال وقوعك، عادى تقوم وتنفض التراب اللى مغطى روحك اللى بتلمع بفضل ربك جواك، روح مستنية بس تلاقى شرارة فى وسط العتمة اللى نفسك معيشاها فيها، مجرد شرارة وهتلاقيها انتفضت بثورة هتملى بيها شوارع قلبك قبل عقلك،

ثورة هتكسر مبادئ ممكن تكون اتولدت بيها، وكانت هى اختبارك وفتنتك فى الدنيا عشان تقتحم عقبتها وتكسرها، ﴿ فَلَا اقْتَحَمَ الْعَقَبَةَ ۝ ﴾ [البلد: ١١]

ثورة تفكرك بإنك إنسان وفى طبعك النسيان، فعادى يعنى لو وقعت وطولت حبتين تلاتة ولا عشرة، ولا حتى طول عمرك كنت واقع؟!

إذا كان من رحمة ربنا بينا لما الكافر بيسلم وبيتوب، أى

ذنوب عملها فى جاهلية كفره بتتمحى!! وأى حسنة من فعل خير عمله فى وقت كفره بيتحول لحسنات، والمبدأ الإلهى هنا ربنا سبحانه وتعالى بيطبقه على الدين، اللى هو أساس وجودنا وهو العبادة، **ما بالك بالدنيا التى لا تساوى عند الله جناح بعوضة،**

يعنى لو فضلت واقع فى الدنيا ومبتلى بيها وبنفسك، وقدرت تحول مكسبك فى معركة واحدة بس ضدهم، مجرد معركة واحدة كفيلة بهدايتك للسبيل لأرض المعركة اللى بعدها، بس وانت فى طريقك وقتها للمعركة التانية، فهتلاقى فى ذاكرتك اللى اتفقنا على إنها بتنسى وبسرعة، هتلاقى الذاكرة دى محملة بالنصر اللى ربنا منَّ عليك بيه فى آخر معركة بينك وبينهم، وطبعا الصوت ده مش هيهدى، غير وهو جايبلك الدليل من السنة النبوية من حديث رسول الله محمد صل الله عليه وسلم..

(([عن عمرو بن العاص:] عن حَبِيبِ بنِ أبي أَوْسٍ، قال: حدَّثني عمرُو بنُ العاصِ حديثَهُ مِن فِيهِ، فذكَر قِصَّةَ إِسلامِهِ،

قال: فقُلْتُ: يا رسولَ اللهِ، أُبايِعُكَ على أنْ يُغفَرَ لي ما تقدَّم، ولا أذكُرَ ما أستأنِفُ؟ قـال: يـا عمـرُو بـايِغ، فـإنَّ الإسلامَ يَجُبُّ ما كان قبْلَهُ، وإنَّ الهجرةَ تَجُبُّ ما كان قبْلَها)).

شعيب الأرنؤوط (ت ١٤٣٨)، تخريج مشكل الآثار ٥٠٧

• صحيح

لمـا تسمع جـواك الصـوت ده نيمـه مـن البدايـة عشـان ميعملكش صداع من كتر دوشة المعطيات دى جواك، نيِّمه يا صديقى، خليك كوالا فى نفسك..

*****

وجهة نظر

عـاوزك كـده يكـون عنـدك وجهـة نظـر فـى كـل حاجـة وأى حاجة؟! حتـى لـو وجهـة نظـرك دى ضـد العـادات والتقاليـد (بغض النظر عن صلاح العـادات والتقاليـد دى مـن عدمـه؟!)، دايما ليك رأى كده ويكون أجريسف (يعنى عنيف بس لقيت أجريسف أشـد قـوة كـده)، ولا تتهـاون مـع أحـد مـادام وصـل الأمر للنقاش حول مسألة لك فيـه وجهـة نظـر، وسبق القول إننا قلنا إنك لازم يكـون ليـك وجهـة نظـر فـى عمـوم المسائـل بغض النظر عن العلم بتفاصيلها ودقائقها أم لا .

لا تتهـاون خصوصا مـع النـاس المتدينيـن دول، المتشـددين وهمـا مـن جـوه ولا فيهـم ريحـة الديـن فـى معاملاتـه السـمحة، أومال ما احنا عارفينهم حتى لو مـش عارفينهم؟!

لا تتهاون مع النوعيات دى على الإطلاق

وطبعا الناس هتـدخلك مـن بـاب قـال الله وقال الرسـول، هتستغل ضعف معرفتك بصحة الأحاديث من عدمها، وإنك

معندكش دراية بتفسير الآيات، وانت مين اصلا ولا هما مين عشان يعرفوا يفهموا الآيات اللى ربنا أنزلها فى قرآن بلسان عربى مبين، واضح يعنى بالفهم المبدئى؟! بس برده لأ؟!!

اوعى يضحكوا عليك، يجيبلك آية من هنا وآية من هنا، وانت لا حول ليك ولا قوة، فعشان كده اوعى تتهاون معاهم فى المناقشة، بينلهم إنك عندك وجهة نظر فى الموضوع ده، وعندك رأى بخصوص النقطة دى، علِّى الصوت عشان تبان إنك مش خايف منهم.

وإياك تسمع للصوت إياه اللى جواك اللى هيقعد يقوللك؟

إن ربنا ميسر القرآن للذكر، ابتداء من تنزيله بلسان عربى مبين.. ﴿بِلِسَانٍ عَرَبِيٍّ مُّبِينٍ﴾ [الشعراء ١٩٥]

((بِلِسَانٍ عَرَبِيٍّ)) وهو أفضل الألسنة، بلغة من بعث إليهم، وباشر دعوتهم أصلا اللسان البين الواضح. وتأمل كيف اجتمعت هذه الفضائل الفاخرة في هذا الكتاب الكريم، فإنه أفضل الكتب، نزل به أفضل الملائكة، على أفضل الخلق، على أفضل بضعة فيه وهي قلبه، على أفضل أمة

أخرجت للناس، بأفضل الألسنة وأفصحها، وأوسعها، وهو: **اللسان العربي المبين**)). _تفسير السعدى_

مرورا بإنه سبحانه وتعالى سهل هذا القرآن للذكر..

﴿ وَلَقَدْ يَسَّرْنَا ٱلْقُرْءَانَ لِلذِّكْرِ فَهَلْ مِن مُّدَّكِرٍ ۝ ﴾ [القمر: ١٧]

((**ولقد سهَّلْنا لفظ القرآن للتلاوة والحفظ، ومعانيه للفهم والتدبر، لمن أراد أن يتذكر ويعتبر، فهل من متعظ به؟** وفي هذه الآية وما ناظرها من السورة حثٌّ على الاستكثار من تلاوة القرآن وتعلمه وتعليمه)). _التفسير الميسر_

وإننا مطلوب مننا نفهم القرآن الكريم ونتدبره لأنه كلام الله عز وجل، تهيئة للبدء فى العمل به سواء مع أنفسنا أو مع من حولنا..

﴿ أَفَلَا يَتَدَبَّرُونَ ٱلْقُرْءَانَ أَمْ عَلَىٰ قُلُوبٍ أَقْفَالُهَآ ۝ ﴾ [محمد: ٢٤]

((**أي: فهلا يتدبر هؤلاء المعرضون لكتاب الله، ويتأملونه حق التأمل، فإنهم لو تدبروه، لدلهم على كل خير، ولحذرهم من كل شر، ولملأ قلوبهم من الإيمان، وأفئدتهم من الإيقان،**

ولأوصلهم إلى المطالب العالية، والمواهب الغالية، ولبين لهم الطريق الموصلة إلى الله، وإلى جنته ومكملاتها ومفسداتها، والطريق الموصلة إلى العذاب، وبأي شيء تحذر، ولعرفهم بربهم، وأسمائه وصفاته وإحسانه، ولشوقهم إلى الثواب الجزيل، ورهبهم من العقاب الوبيل.

﴿أَمْ عَلَى قُلُوبٍ أَقْفَالُهَا﴾ أي: قد أغلق على ما فيها من الشر وأقفلت، فلا يدخلها خير أبدا؟ هذا هو الواقع)). _تفسير السعدى_

وإن المتدينين إياهم، مش عاوزين يتمنظروا علينا بشوية الآيات والأحاديث اللى ربنا أنعم عليهم بمعرفتهم، لأنهم عارفين كويس إن الهداية محض فضل ونعمة من الله عز وجل، وليس لهم فيها من الأمر ولا من الفضل من شيء..

﴿ فَلَا تُزَكُّوٓا۟ أَنفُسَكُمْ ۖ هُوَ أَعْلَمُ بِمَنِ ٱتَّقَىٰ ۞ ﴾ [النجم: ٣٢]

بالعكس هما نفسهم يفرحوا برجوعنا لربنا زيهم، عشان نبدأ الطريق الوحيد اللى له لذة حقيقية فى الدنيا، ألا وهو صراط الله المستقيم..

وطبعا هتكمل مناقشتها معاك بآية تثبت بيها الحجة على كلامها، عشان ميبقاش مجرد كلام مرسل لوجهة نظر أخرى لها حجة فى المناظرة أعلى من حجتنا ووجهة نظرنا، لأ على الإطلاق، هما بيتكلموا من واقع كلام من خلقهم وخلقك وخلق مما ترى ما تعلم وما لم تعلم، سبحانه جل وعلا، ونفسهم تدوق لذة الإحساس بالمعنى اللى فى الآية الجاية واللى هما ذاقوه بقلوبهم بفضل الله عليهم، يتمنولك الخير يعنى..

﴿ وَالَّذِينَ جَاءُو مِنْ بَعْدِهِمْ يَقُولُونَ رَبَّنَا اغْفِرْ لَنَا وَلِإِخْوَانِنَا الَّذِينَ سَبَقُونَا بِالْإِيمَانِ وَلَا تَجْعَلْ فِي قُلُوبِنَا غِلًّا لِلَّذِينَ آمَنُوا رَبَّنَا إِنَّكَ رَءُوفٌ رَحِيمٌ ۝ ﴾ [الحشر: ١٠]

وطبعا بعد ما تصدق كلامهم، وتنسى وجهة نظرك أم صوت عالى، **يبدأوا بعدها يفهموك إنك لازم يكون ليك ورد يومى من كلام الله عز وجل،** عشان انت بطبيعتك النسيان فمحتاج تذكر نفسك دايما، وبشكل يومى بأوامر الله ونواهي، ده غير إن القرآن ربنا جعله فرقان..

﴿ تَبَارَكَ الَّذِى نَزَّلَ الْفُرْقَانَ عَلَى عَبْدِهِ لِيَكُونَ لِلْعَالَمِينَ نَذِيرًا ١ ﴾ [الفرقان: ١] ((وَسُمِّيَ بِهِ الْقُرْآنُ لِفَصْلِهِ بَيْنَ الْحَقِّ والْبَاطِلِ والْحَلَالِ والْحَرَامِ)). _تفسير النسفى_

وبعدها هتلاقى قلبك اللى بيسأل مش عقلك، **هو يعنى إيه ورد يا صديقى؟!**

وقتها هتلاقيهم بيتسابقوا عشان يوصفوا لقلبك جمال المعنى، وكأنه مرسوم للواقع؟!

وطبعا معاها الدليل بس المرة من كتاب عمدة الحفاظ للسمين الحلبى..

((قوله: ﴿**وبئس الورد المورود**﴾ [هود: ٩٨] **الورد هو الماء الذي يورد، ويكون للإبل الواردة، ويكون لحمى تجيء كل وقتٍ، ولجزءٍ من القرآن يجعله القارئ له، ولعبادةٍ موظفةٍ له، كل ذلك يسمى وردًا على الاتساع**)).

ويختم الصوت كلامه معاك بتسهيل معنى الورد لقلبك بالتشبيه، عشان تلاقى فى قلبك السكينة والانشراح بكلام الله عز وجل فتستزيد..

((تسمى التلاوة اليومية للقرآن ورد، والورد باللغة: هو الماء الذي يورد { ولما ورد ماء مدين } { وجاءت سيارة فأرسلوا واردهم فأدلى دلوه } فيكون على ذلك الورد هو: **سُقيا القلب من القرآن** القرآن سقيا وحياة وربيع للقلب، فاحرص على أن يكون لك في كل يوم ورد، يُحيي قلبك وينير دربك.

لا تستهين بهذه الكلمات وتمر عليك مرور الكرام، فقط طبقها بجدٍ وعزمٍ صادق، سترى بركتها بحياتك بشكل لايُصدق..)). _الشيخ سمير_

يا خوفى لتكون اقتنعت بكلامهم وهتبقى شيخ زيهم، وتندهك يا شيخنا والجو ده؟!!!

اوعى.. خليك ليك وجهة نظر يا صديقى الفاشل

***** *

رسالة من مجهول

((بعد ما أخدت الحبايتين اللى بيهدونى كل يوم (منـوم) عشان أعرف أغيِّب دماغى عـن التفكير فى خيبتى فإنى مـش قادر أتغير؟!

وطبعا أخدتهم بعد ما مليت معدتى بكل أنواع الأكـل اللى مالوش علاقة ببعضه واللى برده بيكون مرحلة مهمة جدا من مراحل الهروب الكبير من خيبتى فإنى مش قادر أتغير؟!

وبعـد ممارسـة بـاقى العـادات السيئة والطقـوس الليليـة المتمثلـة فى اغتصـاب كـم لا بـأس بيـه مـن الشيكـولاتات والحلويات أيا كانت هى إيه، اللى موجـود فالتلاجة حلو هحشره ف معدتى كجزء برده من إرضاء نفسى وتغييبها عـن خيبتى فإنى مش عارف أتغير؟!

بعـد كـل ده، وقبـل مـا مفعـول المهـدئات يشـتغل وألاقى نفسى تهت أصاد التليفزيون وإيدى ماسكة الريموت وبتقلب فأى حاجة لحد ما أتوه بالنوم، قبل ما أُدخل فى دوامة الفصل

الأخير من فيلم الهروب اليومى الكبير قررت أكتب الكتاب ده، قررت أتكلم مع نفسى قبل ما يكون كلامى موجه لأى حد، ومش عارف بجد وأنا بكتب الكلام ده إن كنت هكمل فكرة الكتاب ده ولا هتضيع وتتنسى فى درج الأحلام اللى اتحولت لذكريات مرة يا إما عشان معرفتش أحققها أو عشان مقدرتش أحافظ عليها بعد ما حققتها!!

المفروض إن الكتاب ده يكون كتاب عن حياة عبد من عباد الله أعانه الله بحوله وقوته على تغيير نفسه لأفضل نسخة ممكن الوصول ليها فالدنيا كتهيئة لدار الحق وهى دار الآخرة.

بسم الله.. أخوكم فى الله على الحافة؟!

على الحافة.. فعلاقته بنفسه فإنه عارف الصح ومش قادر يعمله كإنه حرفيا متكتف، نفسه مكتفاه!

على الحافة.. وهو شايف ذريته بتقلده فأخطاؤه اللى مبقاش قادر يسيطر عليها واللى بقت ظاهره على أسلوب حياته وعلى شكله!

على الحافة.. وهو مزنوق ما بين نفسه وروحه، ما بين حلال وحرام، ما بين ذنوب صريحة مطبوعة فقلبه على مدار سنين فاتت وبين مباح زاد عن حده فبقى بيأخره عن طاعة، مزنوق مابين كر وفر مبيتهيش!

على الحافة.. كلمة تقيلة ومرعبة بالنسبالى أوى وفى نفس الوقت وجودى فالمنطقة بيدينى إحساس بإنى أدام تحدى جديد، أينعم بقالى فترة واقع فيه ولكنه تحدى مستفز لأن إحساسى بطعم انتصارى على نفسى المرة دى حاسه هيكون مختلف بشكل جميل أوى، يمكن عشان لأول مرة هنتصر على نفسى فى معركة المباحات من الدنيا..

ركز معايا.. أنا الحمد لله عندى عادات بفضل ربى محافظ عليها كويس وإن وقعت فيها بقوم وأكمل بفضل الله، وشكلى عادى يعنى مش ماشى بعيط فوسط الشارع وأصاد الناس، ولا حتى بشتكى لحد عن أى حاجة من اللى قلته ده وإن كنت بنفس عن نفسى فى سخرية من حالى على أساس يعنى إن عادى وإنه مش فارق معايا..

لكن..

مـش ممكـن أوقـات بتحصل إنـك تحس إنـك واقـع كـده ومعنـدكش قـدرة ولا رغبـة حقيقيـة فى تغييـر نفسـك، يعنـى شـايف الصـح وعـارف هـو إيه، وعنـدك قـدر مـن المعلومـات اللـى يخليك تبدأ لكنك خطوة وبتتوه تانى جوه نفسك؟؟

معلش يمكن كلامى مش مترتب، يمكن لحد دلوقتى مـش قادر أوصلك الحالة اللى أنا بمر بيهـا،. يمكن أصلا محدش يقـرأ الكـلام ده غيـرى!! لكن أنـا قاصـد إنـى أتكلـم بعفويـة وباللـى ييجى فبالى لأن متنسـاش أن الأصـل فالكتاب ده هـو أصـلا موجه لروحى عشـان بفضـل الله وحولـه وقوتـه أقـدر أحكـى قصـة وصـولى لأفضـل نسـخة منـى فالـدنيا والآخـرة بمشيئة الله.

بس الجميل فالقصة دى إنى هبدأ مـن على الحافة!!! (((

انتهت الرسالة.

نخش فى الدروس المستفادة على طول..

حسيت بحالة اليأس اللى بيعيشها صاحبنا ده؟ فهمت إن

تعبه بـرغم إنـه مـش بـاين عليـه، لكـن تعبـه تخطـاه لأن فشـله تخطاه ونقله للمحيط القريب منه وهو ذريته، مع انه أكيد التعب ده غير واقع كتيـر حواليه، بـس يمكن النقطة دى هى الأشد إيلام بالنسباله، مع عدم قدرته على التغير.

طب التحليل هنا يفيدنا فى إيه؟!

هـا حـد عـارف؟! بصـوت البنـت فى شـركة المـرعبين المحدودة، لما كانت بتقول حد عارف هو غلط فى إيه هنا؟!

التحليل هنا يفيدنا بإننا كل ما فشلنا يبقى عميق من جوه، ظاهر من بره، كل ما المحيط اللى حوالينا بيتأثر بتغيرنا، وده هيخلينا يا إما أسرة فاشلة كده كلها مع بعضيها، يا إما أسرة فيها نزاعات وتنازع بحكم اختلاف الأفكار والمبادئ ما بين أفكار إيجابية تسعى للحلول والتطور دائما، بداية من الأخذ بالأسباب المتاحة، وانتهاءا بعدم الاعتماد على تلك الأسباب والاعتمـاد والتوكـل على مسبب الأسباب سبحانه المالك الخالق، الله من يدبر الأمر بكن فيكون، **تنازع ما بين الأفكار دى وبين عكسها اللى بيمثله كل حرف فى كتابنا اللى انت**

ماسكه فى إيديك، ألا وهو دليل الفاشلين.

وبعد ما فهمنا إزاى نكسب أكبر قدر ممكن من فشلنا، وإزاى بينتقل للمحيط بشكل عفوى وتلقائ، وخصوصا لو كان المحيط ده على درجة قرب مننا، علما بإن مش شرط الانتقال ده يتم بسرعة، ممكن يكون اتزرع فى ذريتنا ومنتظر السن المناسب للظهور، وهنا بيبقى ظهوره قوى لأن انتظاره مش من ضعف، هو انتظار تريث ودراسة للواقع لاختيار أفضل توقيت لإظهار ذلك السلوك المكتسب من الأب أو الأم ثم الأقربون ثم الأقربون، وانتهاءا بدارئرة الصحبة، واللى منقدرش ننكر إن لها دور خطير ومهم جدا فى النقطة دى.

توضيح مهم.. لو أخدت بالك هتلاقينى عملت إسقاط للفشل على الواقع المتمثل فى الذرية بحكم قربها من صاحبنا الفاشل، وبحكم سهولة التأثير عليها، نظرا لكونها تربة خصبة سهل تمتص العادات والصفات التى يتحلى بها صديقنا الفاشل، **ومرضتش أجيب تشبيهات أخرى، لأن المعنى اعتقد**

إنه وصل بخطورته وسلطاته ويابا غنوجه؟!

وأختم كلامى منبها إخواتى الفشلة، ومحذرا إياهم بتحذير شديد اللهجة، من الإنسياق وراء العواطف الإيجابية التى ترمز ولو بشكل طفيف إلى محاولة النهوض للبدء من جديد فى الصراع مع الحياة بمختلف جيوشها.

إلى الفاشل الكائن بدير النحاس، الحذر واجب، والحرص لازم الوجوب، فتلك الرسالة من مجهول..

فيها سم قاتل؟!

*****

فضفضة

حروب ويا الحياة اتعاشت .. وفاتت بيها ليالينا

وأوجاعها خلاص ماتت .. وصدقناها ونسينا

وليه بعديها مش قادرين .. نداوى ضعفنا فينا

سنين جوه التعب تايهين .. برغم سكوت حكاوينا

ورغم ده كله

لا بنشكى ولا بنحكى .. وقافلين عالوجع ميت باب

وضحكة قلبنا بتبكى .. وتفضح فرحنا الكداب

وندعى يارب فوَّقنا .. خلاص من همنا تعبنا

بنترجاك خلاص تبنا

يارب ارضِينا وراضِينا..

*****

مناظرة (ليلى نهارى)

فى إحدى قاعات المؤتمرات بمحافظة الجيزة، وتحديدا في داخل مقهى الفرسان، تم عمل **مناظرة بين أنصار الصحيان بدرى** من الساعين إلى النجاح العصرى، وبين **أنصار اسهر براحتك وده لمصلحتك**.

تم عمل تلك المناظرة على إحدى طاولات ذلك المقهى، **وذلك أمام جمع من الحضور الغير مدرك بوجود تلك المناظرة من الأساس؟!**

ووسط أفراد من أنصار هؤلاء وهؤلاء، يجلسون على نفس الطاولة، لكنهم غير مبالين بالمناظرة، لثبوت يقين بداخلهم عن صحة معتقداتهم، رغم إن ذلك اليقين لم يمنعهم من إظهار اهتمامهم بما يقال؟! وذلك حفاظا منهم على روح الرابطة التى تجمعهم بالقائمين على المناظرة؟! مع وجود جزء منهم غير مبالى بإظهار لامبالاته أمام من يناظروا وذلك بسبب طباعهم النرجسية والتى يبررونها بإنهم

أصحاب نفوس صافية زى اللبن البلدى؛ اللى جوه بره؟!

وقد عقدت تلك المناظرة بشرط إتمام كل طرف كلمته بمقدمة شارحة بشكل يسير محتوى نظريته والحجج التى تقوم عليها، ثم التطرق بعد ذلك لأصل المحتوى، على أن ينتهى كل طرف بشكل كامل من محتواه، ثم تؤول الكلمة وتُسلم الحديدة بعدها إلى الطرف الآخر، وذلك وفق نظرية (خد الحديدة واهرى محدش هيروح بدرى؟!).

وتم تحديد عضو أنصار اسهر براحتك ليبدأ مقدمته الشارحة، على أن يتولى عضو أنصار الصحيان بدرى البدء فى أساس محتواه، وذلك وفق ما آل إليه رمى الجنيه المعدن ما بين ملك وكتابة.

وإليك عزيزى الفاشل أحداث ما دارت عليه المناظرة..

مقدمة الفاشلين أنصار اسهر براحتك..

حضرات السادة القاعدين على كراسى من الخشب،

المبطن ببطانة من الإسفنج الناشف من كتر استخدامه، الغير مريح لبعض الجالسين ذووى الأجساد الرفيعة، أتشرف أن أتقدم إليكم بمقدمة شارحة لمحتوانا، وقد استقر فى صدرى أن ألخصها فى جملة واحدة مقتضبة..

حرصا على وقت الحاضرين، ممن يريدون أن يستكملوا بابجى؟!

وحفاظا على سمع من يناطحون بعضهم فى لعب الطاولة، ويسابقون مين فيهم هيكسرها سن كتر رزع الأوشاط عليه؟!

واهتماما منا بمن لديهم موضوعات يهمنا استعراضها فى ذلك المجلس؛ أمثال شفت فاتويرة الكهرباء جاتلى بكام؟! ولسه مدفعتش مصاريف المدرسة ومش عارف هعمل إيه؟! ومش عارف أتعامل مع مديرى ولا مراتى إزاى؟! وشفت اللاعيب الفلانى كيف عمل الأسيست؟! ولا الممثل العلانى لما أجهش بالبكاء فى لوحة إبداع فنية؟! ومش عارف تانى؟! ومش قادر تالت؟! ومش فاهم رابع؟! **وذلك دون الوصول منهم إلى حلول حقيقية لذلك الواقع؟! وإن وجدت فهى**

مجرد أطروحات، و إحقاقا للحق هى لا تتعدى كونها مجرد توصية غير قابلة للتنفيذ ولا سلطة لها حتى على إجبار من صدرت فيهم على تنفيذه، وذلك وفق منشور الحبل الخامس، المنشــر الرابــع والعشـرين مـن مناشـير الأمـم المتحـدة، بـاب إظبطك نفس واسمع الكلام عشان متجيش العقوبات عليك أوام؟!

وهكذا أشباه تلك المواضيع، هى التى يهمنا نحن مجتمع الفشلة طرحهـا فى مثـل هـذه التجمعـات، وذلك تهيئـة لسـهرة لذيذة ملبدة بغيوم تلك المواضيع، نظرا لطرحها بحلول لم ولن تنفذ، وبدون حلول عشان نريح دماغنا.

أو تكــون تلــك الســهرة فيهـا المزيـد مـن رضاعـة تلـك المواضيع من المرضعة الأم رقم واحد على كوكب الأرض وهى شاشـة التليفزيـون (بحلماتهـا) بقنواتها الممتلئة بحنان اللبن الدافئ، الـذى يشـبع عقولنـا نحـن الفشـلة، إشباع يصل إلى حـد التخمـة، فتلـذ سـهرتنا وقتهـا وتطيـب، حتـى تـذبل جفوننا تهيئة لنوم غير عميق، لنصحو ونبدأ فى تلك الدائرة من

جديد؟!

السادة الحضور، أختصر مقدمتي في جملة يسيرة..

هو فيه أجمل من سهرة كده، بتفخيذة أدام التليفزيون، مع التقليب المستمر بين القنوات، نظرا لفترات الإعلانات (والتي تشبه فترات التخبيط على ظهر الرضيع عشان يقشط، للإطمئنان على وصول اللبن إلى جوفه)،

سهرة كده مليئة بالولا حاجة وبأى حاجة وفأى حاجة.. وشكرا..

والآن مع مقدمة أنصار الصحيان بدرى..

السادة الحضور، تشرفنا بإلقاء كلمتنا إليكم، داعين الله عز وجل أن يفتح بيننا وبينكم بالحق، وأن يشرح صدورنا لتقبل حججكم وتفنيدها للرد عليها، وأن يشرح صدوركم لنور الحق وهو ما وافق شرع الله عز وجل فى القرآن الكريم، وما ورد عن سنة رسوله الكريم محمد صل الله عليه وسلم من قول أو فعل أو تقرير لأفعال رآها ممن حوله، والله من وراء

القصد وهو المعين والمستعان..

خير البدء من كلام الله عز وجل فى كتابه الكريم..

﴿ وَهُوَ ٱلَّذِى جَعَلَ لَكُمُ ٱلَّيْلَ لِبَاسًا وَٱلنَّوْمَ سُبَاتًا وَجَعَلَ ٱلنَّهَارَ نُشُورًا ٤٧ ﴾ [الفرقان: ٤٧]

((أي: من رحمته بكم ولطفه **أن جعل الليل لكم بمنزلة اللباس الذي يغشاكم، حتى تستقروا فيه وتهدؤوا بالنوم وتسبت حركاتكم** أي: تنقطع عند النوم، فلولا الليل لما سكن العباد ولا استمروا في تصرفهم فضرهم ذلك غاية الضرر، ولو استمر أيضا الظلام لتعطلت عليهم معايشهم ومصالحهم، ولكنه جعل النهار نشورا ينتشرون فيه لتجاراتهم وأسفارهم وأعمالهم فيقوم بذلك ما يقوم من المصالح)). _تفسير السعدى_

والله لم ألق كلام شامل، جامع لما نقصده فى موضوع مناظرتنا، ولا أبلغ من ذاك التفسير لتلك اللآية، ولقد فضلنا أن نختم مقدمتنا كما بدأناها بدليل من شرع الله فى أرضه، ولكن هذه المرة سوف نختم بحديث عن رسولنا الكريم صل

الله عليه وسلم مع شرح للمقصود من الحديث.. **عن عبدالله بن مسعود: لَا سَمَرَ إِلَّا لِمُصَلٍّ أَوْ مُسَافِرٍ**

الألباني (ت ١٤٢٠)، السلسلة الصحيحة ٢٤٣٥

علَّمَنا النَّبِيُّ ﷺ آدابَ كلِّ شَيءٍ، كما علَّمَنا أَلَّا نُضيعَ أَوْقاتَنا هباءً بل نُثمِرُها بالطَّاعاتِ.

وفي هـذا الحـديثِ يقـولُ النَّبِيُّ ﷺ: «لا سَمَرَ» وهو الحـديثُ والسَّـهَرُ لَيْلًا، «إِلَّا لِمُصَلٍّ» يَقـومُ اللَّيْلَ بالصَّلاةِ والنافِلَةِ؛ وذلـك لأنَّه بالسَّمَرِ يَتروَّحُ قليلًا ثم يُقبِلُ على صَلاتِه، «أو مُسافِرٍ» حيثُ يَسمُرُ مع غَيرِه، ويَسهَرُ لِيَطوِيَ المسافاتِ باللَّيلِ؛ وسبَبُ النَّهيِ عن السَّمَرِ: أنَّه يُؤدِّي إلى السَّهَرِ، ويُخافُ مِنه غلَبَةُ النَّومِ عن قِيامِ اللَّيلِ، أو الذِّكرِ فيه، أو عن صَلاةِ الصُّبحِ في وقْتِها الجائزِ أو المختارِ أو الأفضَلِ، ولأنَّ السَّهَرَ في اللَّيلِ سبَبٌ للكَسلِ في النَّهارِ عمَّا يتَوجَّهُ مِن حُقوقِ الدِّينِ، والطَّاعاتِ، ومَصالِحِ الدُّنيا، كما قال تعالى: ﴿ هُوَ الَّذِى جَعَلَ لَكُمُ الَّيْلَ لِتَسْكُنُوا۟ فِيهِ وَالنَّهَارَ مُبْصِرًا إِنَّ فِى ذَٰلِكَ لَآيَٰتٍ لِّقَوْمٍ يَسْمَعُونَ ۝ ﴾ [يُونس: ٦٧]؛

وعلى هذا فلا ينبغي السَّمَرُ في اللَّيل إلّا لفائِدَةٍ، وَما لا بُدَّ منه مِنَ الحَوائِجِ، كما في حَديثِ عُمَرَ بنِ الخطّابِ رضِيَ اللهُ عنه عندَ التَّرمِذيِّ: «كان رسولُ الله ﷺ يَسمُرُ مع أبي بكرٍ في الأمرِ من أمرِ المُسلِمينَ وأنا معهما»، وهكذا كلُّ ما كان فيه مصلحةٌ أو حاجةٌ داعيةٌ إليه، كمُدارسةِ العِلمِ، وحكاياتِ الصالحين، ومُحادثةِ الضَّيفِ، والعروسِ للتأنيس، ومُحادثةِ الرجلِ أهلَه وأولادَه للمُلاطفةِ والحاجةِ، والحـديثِ في الإصلاحِ بـين الناسِ، والشفاعةِ إليهم في خَيرٍ، والأمرِ بالمعروفِ والنهيِ عن المُنكَرِ، والإرشادِ إلى مصلحةٍ، ونحوِ ذلك.

(مصدر الشرح: الدرر السنية)

وِشكرا لحسن استماعكم (قراءتكم).

انتهت مقدمة الفريقين..

ومازلنا مكملين مع عضو أنصار الصحيان بدرى..

شكرا الراعى المناظرة عم سيد صاحب المقهى، وللسادة الحضور..

قبل ما أكمل فى سرد باقى الأدلة، محتاج أنا وحضرتك

نفهم الأول إيه هى مراحل النوم؟

عشـان لمـا نجيب باقى الأدلة يبقى عندك يقين، إن ربنا سبحانه وتعـالى لمـا جعـل الليل لباسا لنرتـاح فيـه، ونريح أجسادنا المتعبة من الشقى على لقمة العيش بالكسب الحلال طـول النهـار، لمـا جعـل الليل بالوصف والسببية دى، جعل سبحانه بفضله فى أجسامنا اللى يناسب سببية الليل،

سبحانه لا إله إلا هو حقا وصدقا ويقينا..

تأمل الآية دى قبل الأدلة..

﴿ لَوْ كَانَ فِيهِمَآ ءَالِهَةٌ إِلَّا ٱللَّهُ لَفَسَدَتَا فَسُبْحَٰنَ ٱللَّهِ رَبِّ ٱلْعَرْشِ عَمَّا يَصِفُونَ ۝ ﴾ [الأنبياء: ٢٢]

ولهذا قال: ﴿لَوْ كَانَ فِيهِمَا﴾ أي: في السماوات والأرض ﴿آلِهَةٌ إِلَّا اللهُ لَفَسَدَتَا﴾ في ذاتهما، وفسـد مـن فيهمـا من المخلوقات.

وبيان ذلك: أن العالم العلوي والسفلي، على مـا يرى، في أكمل مـا يكون من الصلاح والانتظام، الذي مـا فيه خلل ولا

عيب، ولا ممانعة، ولا معارضة، فدل ذلك، على أن مدبره واحد، وربه واحد، وإلهه واحد، فلو كان له مدبران وربان أو أكثر من ذلك، لاختل نظامه، وتقوضت أركانه فإنهما يتمانعان ويتعارضان، وإذا أراد أحدهما تدبير شيء، وأراد الآخر عدمه، فإنه محال وجود مرادهما معا، ووجود مراد أحدهما دون الآخر، يدل على عجز الآخر، وعدم اقتداره واتفاقهما على مراد واحد في جميع الأمور، غير ممكن، فإذًا يتعين أن القاهر الذي يوجد مراده وحده، من غير ممانع ولا مدافع، هو الله الواحد القهار، ولهذا ذكر الله دليل التمانع في قوله: ﴿مَا اتَّخَذَ اللَّهُ مِنْ وَلَدٍ وَمَا كَانَ مَعَهُ مِنْ إِلَٰهٍ إِذًا لَذَهَبَ كُلُّ إِلَٰهٍ بِمَا خَلَقَ وَلَعَلَا بَعْضُهُمْ عَلَىٰ بَعْضٍ سُبْحَانَ اللَّهِ عَمَّا يَصِفُونَ﴾.))

تفسير السعدى

بعد ما ازداد اليقين جوانا بإن الله هو الخالق والمالك والمدبر الأوحد لهذا الكون، بليله ونهاره، بشمسه وقمره، بأرضه وسمائه، بجنه وإنسه، بطينه وناره، بعد استقرار اليقين في قلوبنا بذلك، تعالى بنا نفهم مراحل النوم لكى ندرك كيفية

عمل أجسادنا لكى تلائم تلاحم الليل والنهار، بشكل يتناسب مع النوم ليلا والسعى نهارا..

((لكي تفهم كيف يمكن للسهر أن يؤثر سلباً على صحتك، قد يكون من المفيد أن تتعرف على مراحل النوم المختلفة التي يمر بها الإنسان، وعلاقتها بسهر الليل.

يمر الإنسان أثناء نومه بمرحلتين رئيستين من النوم هما:

١- مرحلة حركة العين السريعة (Rapid Eye Movement -REM)

ويتم خلال هذه المرحلة معالجة الأفكار والذكريات والأحداث التي مر بها الفرد أثناء اليوم، وتحدث الأحلام خلالها أيضاً.

٢- مرحلة حركة العين غير السريعة (Non Rapid Eye Movement - Non-REM)

تتجدد خلال هذه المرحلة العديد من الوظائف الحيوية،

وفي المرحلة العميقة من هذه المرحلة (والتي تعرف بـ"نوم الموجة البطيئة"):

يتعافى الدماغ من إرهاق النشاطات التي قام بها خلال اليوم.

ويقوم بإفراز الهرمونات، مما يعين الجسم على إعادة بناء نفسه بعد الجهد الذي فقده أثناء النهار.

وتختلف المدة التي تستفيد فيها من "نوم حركة العين غير السريعة"، وفقًا للساعة التي تخلد فيها للفراش.

فإذا ذهبت للنوم بين الساعة ١١ مساءً و٧ صباحًا، فإن جسمك يستفيد من قدر أكبر من "حركة النوم غير السريعة"، مقارنة بشخص اخر ينام ما بين الساعة الثالثة صباحًا والحادية عشرة صباحًا.

رغم أن كلاكما تحصلان على نفس القدر من النوم (٨ ساعات)، إلا أن السهر يحرم الثاني من التعافي من اثار أرهاق عقله وجسده أثناء الاستيقاظ)). _موقع ويب طب_

وبعد ما عرفنا أهمية النوم وفوايده مقارنة بأضرار السهر،

تعالى نتتبع الأدلة على النهى عن السهر لغير حاجة، تأكيدا لوصول المعنى لقلبك وعقلك وفقا لمفهوم الوحى من كتاب وسنة، وهو أدرى بخلقه سبحانه وتعالى..

﴿ أَلَا يَعْلَمُ مَنْ خَلَقَ وَهُوَ اللَّطِيفُ الْخَبِيرُ ۞ ﴾ [الملك: ١٤]

ووفقا للأسباب الدنيوية التى شرع لنا الأخذ بها فى أرضه، كإحدى سنن الله عز وجل فى كونه، كما رأينا حاجة الجسم للنوم، ليس فى أى وقت، ولكنه يحتاج للنوم وقت الليل الذى جعله الله لباسا يغشانا ليغطينا وتغط أعيننا فى نوم عميق مريح، للتأهب بفضله وحوله وقوته للبدء فى استقبال شمس نهاره للسعى آخذين بأسبابه، وذلك بعد أن تجدد النشاط داخلنا بسبب حالة السبات التى أكرمنا بها ليلا.

ومن الأدلة فى السنة النبوية على كلامنا فى هذه المناظرة..

(([عن فاطمة بنت رسول الله صلى الله عليه وسلم:] مرَّ بي رسولُ اللهِ ﷺ وأنا مُضطجِعةٌ مُتصبِّحةٌ فحرَّكني برِجلِهِ، ثمَّ قال: يا بُنَيَّةُ ! قُومي اشهَدي رِزقَ ربِّك، ولا تكوني من الغافلين؛ فإنَّ اللهَ يقسِمُ أرزاقَ النَّاسِ ما بين طلوعِ الفجرِ إلى

طلوعِ الشَّمسِ)).

البيهقـي (ت ٤٥٨)، شعـب الإيمـان ٤/ ١٧٠٨ • إسناده ضعيف

(([عـن عبدالله بـن مسـعود:] جَدَبَ لنـا رسولُ اللهِ ﷺ السَّمرَ بعد العشاءِ يعني زَجَرَنا.))

يالألباني (ت ١٤٢٠)، السلسلة الصحيحة ٥/ ٥٦٢

وختامًا..

أدعـو الله عـز وجـل أن يشـرح صـدورنا لتلقـى شـريعته باستقبال حسن، يهيئنا للعمل بما أمرنا به جـل وعلا، وآسف إنى مطولتش أكتر من كده بـس يدوب الحديدة تروح لبتوع اسـهر براحتك عشـان عقبـال مـا يخلصوا حججهم، أكـون لحقت روحت عشان أنام بدرى عشـان أصحى بدرى بإذن الله.

شكرا عضو أنصار الصحيان بدرى، والآن تذهب الحديدة للركن البعيد الهادى، لعضـو فريق اسهر براحتك، الحديدة

معك..

شــكرا اللجنــة المنظمــة، والشــكر موصــول لعضــو فريــق الصحيان بـدرى، وشـكرا يا حـودة علـى فنجـان القهـوة اللـى طعمـه يشبه لطفى السجاير؟! لكنـه فوَّقنى فقـد اعتدت رشـفه بنفس تلك النكهة من عندك دايما، تسلم إيديك.

وبالنسبة لقلق عضـو فريـق الصحيان بدرى، مـش هطول بإذن الله عشان تلحق تنام بدرى، وهتلاقى واحد يقولك طب ما تخليه يسهر ويجرب يمكن يقتنع لمـا يتذوق لـذة السـهر فى الـولا حاجة، بـس تسـمحلى كعضـو فريـق اسـهر براحتك إنى أرد عليك وأقولك، إن السهر إن مكنش نابع من جواك هيبقى تعسيف وتكدير، وخصوصا إنك قلت زى ما قلنا فى المقدمة، سـهران فى الـولا حاجـة وأعتقـد إن المنـاظرة دى لا تـدخل ضمن فصل الولا حاجة يا عم الناصح!!

المهم مش هطول زى ما قلت، عشان أنا كمان ورايا شوية مقاطع من أفلام، على شوية قنوات مختلفة نظرا الكثرة إعلان فوايد الكتشوفا ديتوكس؟! وإعلانات هنرجعك حصان زى

زمان؟! **الخلاصة..**

فى النـوم بـدرى عشـروميت ألـف فايـدة؟! مـش عاوزهم بصوت الأرموطى!!

هذا وقد انتهت تلك المناظرة، بانتصار ساحق لفريق اسهر براحتك وده لمصلحتك، نظرا لدخولهم تلك المناظرة بروح فشل عالية، صمَّت ودانهم، وعمت عيونهم عن رؤية أو سماع أو تقبل أى حجة (والعياذ بالله) من حجج الفريق المقابل، أو حتى الاعتداد برأى الحضرين؟!

انتهت المناظرة، وانفض المجلس من إحدى الترابيزات الموجودة على المقهى، وكما ذكر عضو فريق اسهر براحتك، الأمر لم يتعدى كونه توصية من مجلس الأمن على ضرورة ضبط النفس بين دولتين فاضل ثوانى ويدخلوا كوكب الأرض فى غيبوبة من كتر القنابل والغازات المسيلة للدموع والصواريخ المستخدمة فى الحرب بينهما، وذلك طبعا خلافا لما يقابله من قرارات صادرة من نفس ذات مجلس الأمن برده بضرورة ضبط النفس للطرف المِتهان، اللى طالع

عينه ولو مسمعش الكلام واستمتع بإهانته وقتل ساكنيه، سيتم فرض عقوبات وتصعيد تلك القرارات أكثر وأكثر.

تمام كده زى الفرق بين مناقشة فوايد النوم بدرى وعكسه (توصية)، وبين مناقشة هنقوم نضرب مخدرات إمتى (قرار صارم تنفيذه وقتى)؟!!

*****

مخدرات

الفصل ده لأصحاب المزاج العالى، اللى مبيحبوش حد يضايقهم، وعادى هما براحتهم يضايقوا حد ولا لأ، **ده أمر راجع لجودة الدماغ اللى هما عاملينها؟!**

يعنى لو الدماغ متسلطنة كده، هتلاقيهم ماشيين بمبدأ عالرايق عشان محدش يتضايق، برغم إن ممكن يكون مش معاه فلوس، ومطلوب منه التزام يدفعه فى خلال الأيام الجاية، وهو قاعد بعد ما عمل الدماغ الطيارة دى، هوب النور قطع عليه، والقصص دى كلها حصلت فى عز الصيف، وأزيدك من البؤس بيت، عيل من عياله تعبانين، وفى طبعا مشاكل قومية بينه وبين مراته؟!

برغم كل الحوارات دى، واللى كفيل موضوع واحد منهم إنه يخلى أى حد من العيال اللى فايقين دول، ودماغهم تهمهم، انه يتوتر ويحاول يوجد حلول، **بالعكس طبعا؟!**

الفاشل لما يكون رايق بيبقى مش عاوز يتضايق..

لأنه بمنتهى البساطة، قد تم الموافقة له على طلبه للهجرة لاستراليا وكندا وجبال الهيمالايا؟!!!، ليحظى بحياة هادئة هانئة كراعى خراف فى استراليا، وفى نفس الوقت جزء منه هاجر إلى كندا ومش عارف ليه الصراحة؟! وجزء أخير ذهب لينقذ بو مع قططى ومارد وشوشنى من أندل الشرير؟!!!

زمبقولك كده.. هو حاليا وبرغم عرقه الذى قد سال منه على الأرض، معلنا البدء فى عمل بحيرة لكى تستمتع بها الحشرات الغير مرئية لأعيننا، ولا ترى إلا بميكرسكوب؟!

تلاقيه هو بيستمع إلى بحيرة البجع من داخله، وعلى رأى قهوجى عندما قالها قاصفا جبهة أحدهم بعد أن انتهى من سيجارته الملفوفة لفة هدايا (حصلت تلك الجملة على جائزة النقد المهنى لأفضل جملة قصف جبهة لعام ٢٠١٨ فى محافظة الجيزة)،

خريان ما دريان...

جملة لم يستطع صديقنا الفاشل إياه أن يرد عليها، نظرا لكون جمجمته تحتاج وسريعا إلى فنجان قهوة لكى يظبط

زوايا الدماغ التى والتى والتى؟! وفى حاجة ماسة ملحة إلى جردل من الماء كإلحاح طفل تم فطامه حديثا ويتمنى أن يحصل على رشفة من حليب أمه؟! أصل ريقه اختفى ولم يترك حتى له أثرا لابتلاعه؟!

إنها المخدرات ماى أميجو (يا صديقو؟! صديكى؟! انت فاهمنى طبعا؟!)

كمل فشلك بإلقاء نفسك تحت مزايا المخدرات، ولا تلقى بالا رأى الخائفين عليك من مخاطرها بمختلف أنواعها؟! وتناسى كونها من المحرمات؟! استمتع بكونك فاشلا..

*****

دعنا نفشل زيهم؟

الفلوس يا صديقى هى مصدر الطاقة الحقيقى على هذا الكوكب!!

عاوزك تشتغل ليل نهار، ونهار وليل، طلع كل الطاقة اللى جواك، وادرس نقاط قوتك ونقاط ضعفك، ادرسهم عشان تقوى قوتك أكتر وأكتر، وتتجنب خساير حياتية فى الدنيا محتملة فى حالة تجاهلك لنقاط ضعفك وعدم تحسينها،

اشتغل ومتنساش الهدف الحقيقى من شغلك وهو الفلوس.

طبعا فى حد كالعادة هيطلع ويقولك طب والمركز الوظيفى؟! و مش كل حاجة فى الدنيا الفلوس، ممكن أشتغل عشان حابب الشغلانة دى، حتى لو فلوسها كانت قليلة؟!

وردى هيكون يا صديقى الفاشل، إن المرة دى دعنى أختلف مع فى جزئية إن الفلوس مش كل حاجة، لأ هى كل حاجة يا صديقى؛ **هى صحتك لما تتعب عشان بدونها ولا**

هتعرف تروح لـدكتور، ولا هتعرف تجيب حتى دوا من الصيدلي عشان تتعالج، **هي زوجتك** اللي مش هتعرف حتى تخطبها لو مكنش معاك فلوس، ما بالك واحنا بنتكلم عن زواج مليان مصاريف عليك وعليها.

هي أولادك اللي ملزمين منك في أكل وشرب، في مشورا للدكتور لما يتعبوا، في حضانة ومدرسة وجامعة، في حياة مطلوب منك تبنيها لهم، وبرده مش هتعرف تعمل كل ده غير بالفلوس.

هي سلطتك ونفوذك، عشان تعرف تشترى اللي نفسك فيه، في الوقت اللي نفسك فيه، من أول الأكل والشرب، مرورا باللبس واللي هيديك شكل تقدر تستغله في بسط سلطتك ونفوذك عاللي حواليك.

الفلوس هى حياتك ومن غيرها هتتدفن وانت حى هتبقى عايش ميت، ولا منك طولت الموت وارتاحت ولا منك حتى عارف تعيش؟!

أما بالنسبة يا صديقى الفاشل في نقط اتفاقى معاك؟

فهو اتفاق منى معاك فى السؤالين التانيين اللى طرحتهم، أيوه يا صديقى احنا كلنا بنشتغل عشان حاجتين اتنين واضحين وضوح الشمس زى شمس مشتعلة لغضب الزوجة المنتظرة زوجها اللى اتأخر على القهوة مع صحابه، علما بإنه عارف إنها بتخاف تقعد لوحده فى الشقة، عشان أبو رجل مسلوخة هييجى وياكلها؟!

المهم يا صديقى عشان منتوهش من بعض..

أيوة بتفق معاك إننا بنشتغل يا عشان الفلوس، يا بنضحى بالفلوس حبة كده بغرض تعلم الشغلانة، أو الوصول لمركز مهم فيها، ومن بعد المركز الفلوس هتيجى مع ازدياد الخبرة وعلو المركز الوظيفى مع الوقت.

أتفق معاك أنك تتبع شغفك، تربطه بهدفك، عشان تقدر تؤدى فى شغلك أكتر وأكتر وأكتر؛ **متفقين؟**

عاوزك بقى تيجى بالشغل ده (أيا كان هدفك منه) على نفسك، على اللى حواليك وخصوصا أهل بيتك؟! مش انت برده لما هتشتغل أكتر هتجيب فلوس أكتر، والفلوس دى

هتعيشهم فى مستوى معيشى محترم كده، ومليان رفاهية، يبقى لازم يتحملوا ويدفعوا ضريبة وصولهم لأهدافهم بإنك يكون معـاك فلـوس تجيبلـه اللـى نفسهم فيـه، مـش هـو ده برضـه هدفهم؟

اشتغل وهات آخرك، متتكلمش غير عن الشـغل، وانت فى الحمام كلم روحك من جواك وفكر فى الشغل، وانت قاعد مـع زوجتـك وأولادك اتكلـم عـن الشـغل، خـد رأى بنتك أو ابنـك ذوى السـبع أو العشـر سنوات، خد رأيهـم فى اتخـاذك القرار الـوظيفى الهـام بشـأن تركـك لوظيفتك الحالية، وفتح مشرعك الخاص اللـى هيخليك وهيخليهم فوق؟! اعرض عليهم دراسـة الجـدوى اللـى انـت عملتهـا مـع صـاحبك عالقهوة؟!

ولو حد منهم حب إنه يتكلم معاك بره موضوع الشـغل، أو حتى سوَّلت له نفسه إنه يحكيلك عن حاجة حصلت، سـواء من أولادك عن حواديت المدرسة، أو زوجتك عـن تعبها فى مـذاكرة ليهم طول اليـوم، أو مشـاكل قابلتها فى الشـغل زى

مشاكلك كده؟!

لو حد منهم عمل كده، خلى ردك الرد الشهير،

وهو مش فايق دلوقتى للموضوع ده، خلينا نتكلم فيه بعدين؟!

ولو تمت مواجهتك من أهل بيتك إنهم نفسهم يقعدوا معاك، تسمع حواديتهم وهما بيحكوا، وتشوفهم وهما بيلعبوا، بدل ما انت طول الخروجة يا معاك تليفون مهم جدا عن أحوال السهم البندول أبو أغلى عائد معمول؟! يا إما بتحكى مع زميلك فى الشغل عن حاجة حصلت فى الشغل وانتوا شفتوها وعاصرتوها، وناقشتوها، وحللتوها مع بعض فى مكالمة دولية كونية تم إدخال بعض سكان الكواكب الأخرى فى المكالمة لأخذ آراءهم فى اللى حصل انهاردة فى الشغل؟! نفسهم يحسوا بوجودك اللى (زى ما بيقولوا) أغلى عندهم من فلوس الدنيا؟! إيه الكلام العجيب ده اللى كل محاولات للسعى للنجاح الأسرى، أومال انت طاحن نفسك فى الشغل ليه مش عشان خاطرهم، وبعدين يعنى ما

الربع ساعة اللى بقعدها معاهم، بعد ما خصمنا وقت النوم والحمام، والأكل، وشوية مكالمات تليفون مع زمايلى فى الشغل عشان نهون على بعض اللى مشاكل الشغل، وخصمنا برده الوقت اللى مسكنا فيه الموبايل، طالعين نازلين بصباعنا على الشاشة، بدون هدف سوى اسكرول معدوم النظر لإضاعة الوقت الكتير أوى اللى انت مش لاقى شغل فيه فحبيت تستثمره فى اسكرول من الولا حاجة أون لاين؟!

بعد ما خصمنا كل الأوقات دى من بعد رجوعك، فضل ربعاية هتقعدها معاهم كده زى أمين الشرطة لما بيسأل سواق عن رخصه؟! بتلاقيه كده مكشر وخايف يبتسم لميعرفش يكشر تانى؟!

معلش استحمل؟! فاضل أقل من عشر دقايق ويناموا؟! متتا عارف احنا فى مدارس وبيناموا زى الكتاكيت بدرى خلاص هانت وتبدأ سهرتك مع نفسك اللى انت برده مش طايقها؟!

بس على الأقل ملهاش طلبات إنسانية زى أسرتك؟! واللى ممكن يكون أبسط طلب منهم هو إنهم عاوزيك

تكون موجود معاهم بجد، **نفسهم يحسوا ضحكتك ويـاهم طالعة من قلبك؟!**

اوعى تنسى هدفنا كفاشلين يا صديقى، الفلوس أهم حاجة فى كوكب الأرض الفلوس يا صديقى.

بلاش تنساق لجو الناس الساعين إلى النجـاح، إن أسرتك مسئولين منك، وزى ما انت محتاج للأكل والشـرب واللبس وغيرها من زينة الدنيا عشان تعيش فيها وتنبسط.

روحــك وقلبــك محتـاجين خمــس صـلوات، خمـس مقابلات مع مالك الملك تحكيله فيها عـن مشـاكلك، وترمى حمـل التعـب مـن على كتافك فى وسجودك لـه، تستخيره فى اللى جاى جديد فى حياتك، تستخيره فى كل خطوة مهما بانت بسيطة وسهلة، لأنه الحكيم بما يناسبك، الخبير بما يلائم طبعك وظروفك وحياتك، مدبر الأمرسبحانه جل وعلا.

روحـك وقلبـك محتـاجين ورد يـومى ثابـت مـن القرآن الكريم، حتى لـو كبدايـة ٥ صفحات، مـش قـادر اقرأ حتى صفحة واحدة بس داوم عليها بشكل يومى، واتفرج على

الراحة اللى ربنا هيرزقك بيها هتبقى عاملة إزاى، ويحضرنى هنا موقف حصل لما اتهمت السيدة عائشة أم المؤمنين رضى الله عنها، لما تم اتهامها فى حادثة الإفك، وذهبت للقاء والدها سيدنا أبو بكر رضى الله عنه، اللى برغم علمه بكلام الناس على بنته وهى زوجة رسول الله صل الله عليه وسلم، وبرغم حزنه من اللى بيحصل ده، لما ذهبت للقاءه لقيته ناشر القرآن الكريم أمامه وبيقرأ منه، الورد اليومى من كلام الله **مش قادر يسيبه حتى فى عز سواد المشاكل المحيطة، يا ترى إيه السر فى كده؟؟** أقولك بس ابدأ وثبت ورد يومى من القرآن ولا تستصغره، وساعتها سبحانه هيمن عليك من فضله وهتدوق؟! بس انت قرب.

زى ما حضرتك محتاج تاكل وتشرب عشان تعيش، روحك وقلبك محتاج غذا برده واللى قلنا عليه فى الكام سطر اللى فاتوا، **أهل بيتك برده زى ما هما محتاجين للفلوس عشان يعيشوا فى مستوى معيشى يرضيهم، هما محتاجينك معاهم محتاجين لوجودك معاهم بقلبك وبذهنك**، مسجل

حضور بحب لهم باين فى اهتمامك بسماعهم والحكى معاهم، وبانبساط إنك عارف إن دى نعمة من الله عز وجل وهى الزوجة الصالحة، والذرية اللى بيفضلوا يجروا شكلك، محتاجين ضحكتك اللى شافوها فى مكالمتك مع صاحبك اللى فى الشغل؟! واللى مشموش حتى ريحة ضحكة تشبهلها؟!

ده غذاهم الروحى، اللى كنز قارون نفسه، عمره ما هيقدر يسد حتى دقيقة واحدة لوجود حقيقى ليك وسطهم؟!

مسئولين منك.. إنك تعرفهم إن لهم رب له علينا كعباد له سبحانه وتعالى واجبات وحقوق، وأهمها طاعته فى اللى أنزله فى كتابه، وفى اتباع سنة رسوله الكريم صل الله عليه وسلم.

انت مسئول عن صلاتهم، عن قرآنهم، عن صلاحهم، عن توجيههم، وعن تحسين نفوسهم كى ترتقى لأفضل نسخة منهم زى ما بتحاول مع روحك (طبعا الكلام ده خارج من واحد بيسعى للنجاح، ولا علاقة لنا به نحن مجتمع الفشلة الساعين ورا العملة النقدية بمختلف أسمائها؟!).

ومتنساش الحديث النبوى اللى وضح فيه سيدنا محمد صل الله عليه وسلم القدر المطلوب لسلطة ونفوذ المال فى قلوبنا وداخل حياتنا..

(([عن أبي هريرة:] **تعسَ عبدُ الدِّينارِ، وعبدُ الدِّرهَمِ،** وعبدُ الخميصَةِ، **تعسَ وانتكسَ** وإذا شيكَ فلا انتقَشَ

الألباني (ت ١٤٢٠)، صحيح ابن ماجه ٣٣٥٣ • صحيح

أَشْقَى النَّاسِ مَنِ اتَّخَذَ إِلَهَه هَواهُ وشَهوَتَه، فيَكونُ عَمَلُه كُلُّه لِتَحصيلِ هذه الشَّهوةِ وطَلَبِها؛ فهو تارِكٌ مَا خُلِقَ لِأَجْلِه، وهو عِبادةُ اللهِ تَعالى، مُتَمَسِّكٌ بتَحصيلِ شَهَواتِه بغيرِ رضا اللهِ تَعالى، فهو مُضَيِّعٌ لِآخِرَته بدُنياه. وأسعَدُ الناسِ مَن عاشَ للهِ عَزَّ وجَلَّ، طالِبًا رِضاه، وما أعَدَّه سُبحانه لِلصَّالِحينَ مِن عِبادِه.

وفي هذا الحَديثِ تَحذيرٌ مِنَ النَّبيِّ صلَّى اللهُ عليه وسلَّمَ لِكُلِّ مُؤمِنٍ مِن أَنْ يكونَ عَبدًا لِشَهَواتِه، وحَثٌّ على أَنْ يَعيشَ المُؤمِنُ حياتَه للهِ، وفي سَبيلِه سُبحانه. فيَقولُ صلَّى اللهُ عليه وسلَّمَ: «تَعِسَ عَبدُ الدِّينارِ، وعَبدُ الدِّرهمِ، وعَبدُ الخَميصةِ»،

يَعني: عَثُرَ وسَقَطَ على وَجهِهِ، والدِّينارُ مِنَ الذَّهَبِ، والدِّرهَمُ مِنَ الفِضَّةِ، والخَميصةُ: كِساءٌ أسوَدُ مُربَّعٌ، له خُطوطٌ، **وسَبَبُ الدُّعاءِ عليه أنَّه: إنْ أُعطِيَ مُرادَه مِنَ المالِ واللَّذَّاتِ رَضِيَ عنِ اللهِ تَعالى، وإنْ مُنِعَ كانَ ساخِطًا غاضِبًا.** ويُكَرِّرُ صلَّى اللهُ عليه وسلَّمَ الدُّعاءَ لِلتَّنفيرِ مِنَ الاتِّصافِ بمِثلِ هذه الصِّفةِ، فيَقولُ: «تَعِسَ وانْتَكَسَ، وإذا شِيكَ فلا انْتُقِشَ»، أي: تَعِسَ وانقَلَبَ على رَأسِهِ، وهو دُعاءٌ عليه بالخَيبةِ والخُسرانِ، وإذا أصابَتْهُ شَوكةٌ فَلا قَدِرَ على إخراجِها بالمِنقاشِ، ولا خَرَجَتْ، والمُرادُ أنَّه إذا أُصيبَ بأقَلِّ أذًى لا يَجِدُ مُعينًا على الخَلاصِ منه.)) ــ مصدر الشرح الدرر السنية ــ

ولا تنسى برده الحديث اللي وضحلنا فيه سيدنا محمد صل الله عليه وسلم، إن كثرة المال لا علاقة له بالرضا، لا من قريب ولا من بعي، فالرضا رزق من الله يرزق به من يشاء من عباده، تأمل الحديث بشرحه بقلبك..

(([عن أبي هريرة:] **ليسَ الغِنى عن كَثْرَةِ العَرَضِ، ولكِنَّ الغِنى غِنى النَّفْسِ.**

صحيح البخاري ٦٤٤٦ • [صحيح]

((يَحكي أبو هُرَيرةَ رضي الله عنه أنَّ النبيَّ ﷺ قال: ليس الغِنى عن سببِ كثرةِ العَرَض، وهو ما يُنتفَع به مِن متاعِ الدُّنيا سِوى النَّقدين؛ أي: ليس الغِنى الحقيقيُّ المعتبَر كثرةَ المال؛ لأنَّ كثيرًا ممَّن وُسِّع عليه في المال لا يَقنَع بما أُوتي، فهو يجتهد في الازدياد ولا يُبالي من أين يأتيه، فكأنَّه فقير من شدَّةِ حِرصه؛ ولكنَّ الغِنى الحقيقيَّ المعتبَر الممدوحَ غِنى النَّفس بما أُوتيتْ وقَنَعُها به ورِضاها، وعدمِ حِرصها على الازدياد والإلحاح في الطَّلب؛ لأنَّها إذا استغنتْ كفَّتْ عن المطامِع، فعَزَّتْ وعظُمتْ وحصَل لها من الحُظوة والنَّزاهة والشَّرف والمدح أكثر من الغِنى الذي يناله مَن يكون فقير النَّفس بحرصه، فإنَّه يُورِّطه في رذائل الأمور وخسائس الأفعال؛ لدناءة هِمَّته وبُخله، ويكثُر ذامُّه من النَّاس، ويَصغُر قدرُه عندَهم، فيكون أحقَرَ مِن كلِّ حقير، وأذَلَّ مِن كلِّ ذليل، وهو مع ذلك كأنَّه فقير مِن المال؛ لكونه لم يَستغنِ بما أُعطي فكأنَّه ليس بغنيٍّ، ولو لم يكن في ذلك إلَّا عدم رِضاه بما قضاه الله، لكَفاه.

في الحديث: أنَّ الغِنى الحقيقيَّ المعتبَر ليس بكثرة المـال، بـل هـو استغناءُ النَّفس، وعـدم الحِـرص علـى الـدُّنيا.)).
(مصدر الشرح: الدرر السنية)

مش معنى كلامى إنك تقعد جنبهم تاكلوا وتشربوا حنية وضحك؟!

ولا معنى كلامى برده آنك تهملهم وتنساهم فى وسط بحثك الدائم والمستمر عن لقمة العيش، اسمع كـلام سيدنا محمد صل الله عليه وسلم فى الحديث اللى جاى، وانطق بقلبك قبل لسـانك سـمعنا وأطعنـا، وابـدأ حـاول، وهتلاقيـه بفضلـه بيساعدك ويبيهديك، وبسدد خطاك

[عـن عمـرو بـن الحـارث:] أمـرًا بيـنَ أمـرينِ، وخيرُ الأُمورِ أَوْسَطُها.

الألباني (ت ١٤٢٠)، ضعيف الجامع ١٢٥٢ • ضعيف

وأخيرا بلاش تكون ذا نظرة مادية علمانية بحتة، وتنسى إن للكون بما فيه هو ملك لله يتصرف فيه كيفما شاء

بمعنى إن.. صحتك، والدتك ووالدك، زوجتك، ذريتك، شـغلك، فلوسـك، راحـة بالـك، سكينة حاسـس بيها، رضا بأقدار الله فى قلبك، شكلك، لبسك، حتى طبعك سواء كان لين أم غليـظ، سهل مع اللى حواليه ولا صعب، حتى ترقيتك فى شـغلك، ونجاحـك فيـه، قدرك فى وسط الناس، الغريب والقريـب، اللى يعرفك واللى ميعـرفكش، منزلتك فى قلوبهم، منزلتك الحقيقية مش اللى ظاهرة على وشوشهم أصادك.

كل دى أرزاق بيد مالك الملك، الرزاق..

والدليل..!؟

﴿ قُلِ ٱللَّهُمَّ مَٰلِكَ ٱلْمُلْكِ تُؤْتِي ٱلْمُلْكَ مَن تَشَآءُ وَتَنزِعُ ٱلْمُلْكَ مِمَّن تَشَآءُ وَتُعِزُّ مَن تَشَآءُ وَتُذِلُّ مَن تَشَآءُ ۖ بِيَدِكَ ٱلْخَيْرُ ۖ إِنَّكَ عَلَىٰ كُلِّ شَىْءٍ قَدِيرٌ ﴾ [آل عمران: ٢٦]

((قل -أيها النبي متوجهًا إلى ربك بالدعاء-: يا مَن لك الملك كلُّه، أنت الـذي تمنح الملك والمال والتمكين في الأرض مَن تشاء مِن خلقك، وتَسْلُب الملك ممن تشاء، وتهب

العزة في الدنيا والآخرة من تشاء، وتجعل الذِّلَّة على مَن تشاء، بيدك الخير، إنك -وحدك- على كل شيء قدير. وفي الآية إثبات لصفة اليد لله تعالى على ما يليق به سبحانه)). _التفسير الميسر_

بـلاش يا صديقى الفاشـل تركـز مـع النـاس أصـحاب النظريات دى؟! دول ناس غاويين تعب ومرمطة؟! دول يا صديقى بتوع حياتك قسمها زى البرتقانة بالتساوى؟! خليك فاكر إننا أصلا مش بنحب البرتقا (ن).

*****

حواديت

أى فكـرة تيجى علـى بالـك، وتحسـها فكـرة كـده عدلـة بالنسبالك وعليها القيمة، قـوام اطرحهـا للاكتتـاب العـام فى البورصة؟! فرَّج سكان الكوكب من الجالسين فى المقاهى، والماشيين فى الشوارع، ومن يقضوا حاجتهم على استحياء فى حمام كنتاكى؟! فرجهم برده على فكرتك الجديدة والفريدة والعجيبة؟!

أقولك اطبـع دراسة الفكرة وتحليلها جوه ذهنك، بيجى كـده أد ١٠٠ ورقـة وخلـى العيـال الصـغيرة يحـدفوها زى الطوب على وشوش اللى راكبين العربيات، زى اللى بيوزعوا بلح فى رمضان ساعة الفطار، اللى لو وريتله صورتك وانت بتاخد البلح وكيس التمر من ناس برده فيها الخير زيهم، برده مش هيصدقك!!! ويا تاخد البلح وكيس التمر فى هدوء، يا هنحدفهم فى وشك، وانت وحظك بقى ممكن كيس التمر يقع على هدومك عادى، المهـم إنى أخلص الكميـة اللى

معايا عشان ألحق أفطر، ولا ممكن أكون مش قادر أمنع نفسى من الثواب (علما بإن إذا عقدت النية جوايا إن البلح والتمر ده ليك يارب بنية الصدقة فاقبله منى، مش هيفرق وقتها خلصتهم ولا لأ، اللى هيفرق استجابته بفك كرب انت بتمر بيه، التتايج بانتهاءك من آخر كيس تمر و٣ بلحات توزعهم مش بتاعتك، أما بالنسبة للأجر والثواب فهو محفوظ عند من لا يضل ولا ينسى سبحانه وتعالى)، المهم ما علينا من الإطالة فى الجزئية دى، سامحنى هى بدأت بطرفة سمجة من طرفات ونكاتى الساخرة اللى تشق على الأنفس، والغارقة بها صفحات الكتاب منذ بدايته، حتى تحولت إلى موضوع تعبيرى عن وصف حملات قذف البلح على الصائمين وقت آذان المغرب؟!!

نرجع لفكرتك اللى انت حاسس إنها جامدة جدا وهتفرق فى حياتك، عاوزك تقسمها كده لحواديت صغيرة، وانقض بيها (كالأسد الجائع) على أى أذن لبنى آدم يقابلك؟! سمَّعه بمزاجه أو غصب عنه؟!

واحنا هنا بنتكلم عن أى فكرة تقابلك، فى شغل، فى بيت، مع أولادك، مع عادة خاصة بيك، أى فكرة؟!

بعد ما تعمل ده كله هيجيلك كده احساس بالتقل تجاه الفكرة دى، وإنك مبقتش حتى قادر تفكر فيها، مجرد ظهورها على باب بالك، بيخليك تطفى النور وتوطى صوتك، **أيوه بالظبط كده** زى ما بتعمل مع محصل الكهرباء لما ميكونش معاك فلوس تديهاله؟!

الإحساس ده بقى عاوزك تاخده وتطلع بيه على أى استديو تصوير جنبك، معلش هكلفك شوبة بس عشان فشلنا كله يهون، هتطلع بالإحساس على استديو التصوير، طالبا منه طباعة ذلك الإحساس طباعة ألوان واضحة المعنى، الخارجى والداخلى لذلك الإحساس، **وتطلب منه بثقة الفاشل الواثق من فشله؟!**

لو سمحت..

محتاجك تبروز إحساس الفشل ده جوه عقلى فى أوضة النوم؟!

مهـم أوى لسـبب، ألا وهـو تغذيـة عقلك البـاطن بسـخرية الآخرين من أفكارك الخارجـة عـن مألوفهم وليس مألوفك، والجنونيـة بالنسـبة لـواقعهم وليـس واقعـك، والمناقضـة لعاداتهم وتقاليدهم وليس عاداتك وتقاليدك (مع مراعاة عدم خروج تلك الأفكار عن حكم الوحى من الكتاب والسنة)،

إنها أفكارك أنت وليسـت أفكارهم، وما بين فرق وضع الكـاف فى الكلمـة، وبين الهـاء والميم كـالفرق بين بداياتك ونهاياتهم، أحدهما كان محكـوم عليه بالفشـل، فالقرار لك، فلتكن أنت؟!

تغـذى علـى سـخريتهم لـك، واجـذب إليك كالمغنـاطيس جنونهم تجاه أفكارك، احكم على تلك السخرية والضـحكات التابعة لها بالسجن داخل زنازين عقلك بالمؤبد، ولا تسمح بزيارتها مـن قبـل أى أفكار إيجابية داخلك لإصلاح تلك السخرية، ومداواة ضحكاتها التابعة لها.

ولا تسـمح حتى بزيارتهـا مـن الخـارج مـن أحـد الصـحبة الصالحة التى تقوم بتشجيعك على أى أفكار بما تراه مناسب

لظروفك وطباعك وشخصيتك وما منحك الله به من أودات.

اِمنعهم جميعا من زيارتها وزرها أنت وحدك، لا تحاول إصلاح ما أفسدته بداخلك، **عدِّل من نفسك، من داخلك لتناسب آراء من حولك من البشر؟!**

هذا عن أولا.. أما ثانيا؟!

فهو الهدف من تلك الحواديت التى جعلت بابها مفتوحا على مصراعيه لكل من تعرفه ومن لا تعرفه، فمن الممكن وقتها أن تصاب بحسد من شخص فاشل مثلنا، ولكن عينة زى الرصاصة مادامت خرجت من أم المسدس (عينه)، فلابد لها أن تصيب هدفها (حضرتك يعنى).

وعلى هذا تكون أخدت بالأسباب سواء من استقبال سخرية من تعرض عليهم أفكارك، بنفسية هشة، وعقل متأهب لتخزين تلك السخرية، وآراء النقد الغير هادفة لربح حضرتك، بل تود فشلك (وهو المطلوب).

وأخدت بالأسباب من ناحية القر والنبر، وطبعا بما إن حضرتك فاشل من الناحية الدينية؛ ومش محصن ولا نفسك

ولا أهل بيتك بأذكار الصباح والمساء ولا بالرقية الشرعية، فانت كده بالظبط زى اللى نزل البحر والراية سودا على دماغه، ونط حتة نطة فى عز الشتا، يعنى يا يغرق يا يموت من التلج؟!

وبما إننا فاشلين بس مثقفين، ومتقولش فى تناقض، لأننا ببساطة جوانا معترفين إننا معندناشبفضل الله نقص فى العلم فى الجزء ده، ولكن فشلنا فى عدم قدرتنا على تحويل ذلك العلم إلى طاقة تحركنا ونتحرك بها نحو أهدافنا؟!

وبذلك جمعنا فشل تحصيل العلم بغير فائدة مبينة فى القلب أو على أرض واقعنا، وفشل عدم قدرتنا على إيجاد الحافز لتحويل ذلك العلم إلى قمااااااش

بصوت فؤاد المهندس؟!

ولكل ساعى للنجاح، اللى حابب يعرف صيغة سهلة للرقية، استمتع بالحديث القادم..

(([عن أبي هريرة:] أَلا أَرْقِيكَ بِرُقْيَةٍ رَقانِي بِها جبريلُ؟

تقولُ: بسمِ اللهِ أَرْقِيكَ، واللهُ يَشْفِيكَ، من كلِّ داءٍ يَأْتِيكَ، (مِنْ شَرِّ النَّفَّاثاتِ فِي الْعُقَدِ، وَمِنْ شَرِّ حاسِدٍ إِذا حَسَدَ)، تَرْقِي بها ثلاثَ مَرّاتٍ)) السيوطي (ت ٩١١)، الجامع الصغير ٢٨٦١

• صحيح

٭٭٭٭٭

شخبطة

ابتُليت بنفس أدمنت إدمانها لأى شىء، نافع أو ضار، حلال أم حرام، ما يهمها هو إشباع رغباتها وشهواتها من الدنيا؛

وياليتها تشبع؟!

ويا ليت موائد الدنيا الفانية تنضب؟!

وأظنهـا مصـابة بـداء الزهـايمر؟! كلمـا أمسـكت بعـادة استسـلمت لقيودهـا تاركـة قيـود إدمانها لعـادة سـابقة لهـا؟! **وكأننى بها أدور فى متاهة بداخلى،** متاهـة لهـا نفـس البدايات وأظنهـا نفـس النهايـات كـذلك، بـرغم اخـتلاف السـيناريو والزمن والعـادات، **لكـن إدمانها ثابت وإصابتها بالنسيان لا تتغير؛**

فى الحقيقة أعتقد أحيانا أنها تتناسى وهى تتنقل بين عادة وأخرى، تساومنى مرة بعـادة حسـنة كـى توقـع بـى فى متاهـة عادات سيئة فترة من الزمن، وعندما أفيق من إدمانها للحظات وأواجهها بحقيقتها العارية تصمت!!

وقتها ألجأ لخالقى داعيا صارخا رب لا تكلنى لها طرفة عين، وإذا بالاستجابة من الغفور الرحيم بخريطة المتاهة للخروج منها، مع رسائل من النور للصمود أمام خططها للإيقاع بى، **وذلك بين سطور الآيات من كلام الرحمن فى القرآن الكريم،** وإذا بى أطمئن لطاعتها لى فيما أطمع أن يوفقنى ربى لصراطه المستقيم من عادات تقربنى لرضاه، وطاعات أنال بها محبته سبحانه وتعالى، وإذا بها توقع بى داخل متاهتها مرة أخرى وأخرى وأخرى، مستغلة نسيانى وتناسيها، وزخرف الدنيا ووساوس الشيطان، وأهم من ذلك مستغلة علمها بنقاط ضعفى أمام شهوات بعينها حفرت داخلى، **وشوهت فطرتى على مدار سنوات،** حتى أصبحت عند النظر إلى نفسى أرانى مصاب بجروح من حروب استنزاف استنزفت طاقتى داخل شهوات زائفة زائلة، **مغبون فى صحتى وفراغى والعياذ بالله،** وذلك بدلا من أكون ما أريد وما تشتاق إليه روحى المحملة بذكريات الفطرة السوية النقية على ما خلقها الله عز وجل.

صدقا لا أعلم لما أكتب هذه السطور؛ أهو تفريغ لما ألم بى من هم على ما أصبحت عليه أمام نفسى، وإحساسي بضعفى تجاه رغباتها..

أم ظلال لنور يلوح فى أفق المتاهة معلنا بدء رحلة الخروج من ضيق النفس إلى وسع جهادها فى طريقى إلى الله..

أم تراها مستترة بضحكاتها خلف غليان تلك السطور، ولسان حالها يقول أفرغ طاقتك عزيزى فيما تحب، أفرغها فى صفحات، املأ بها الكتب، أسطر بها شعرا أو نثرا، أو اجعلها خواطر وسط رحلتك البائسة، ستظل داخل متاهتى وإن ظننت أنك خارجها، ستظل جدران إدمانى كالسجن لبصرك وبصيرتك، لا ترى إلا ما أرى وأريد، وحدى سأهديك سبيل الرشاد ولا حول ولا قوة إلا بالله.

لا أعلم أى تساؤل هو الحقيقى أم كلهم مجتمعين، كل ما أعلمه الآن أنى تعبت من تلك المتاهة،، **سئمت ضعفى وحيرتى وترددى واستسلامى وذبذبتى بين هؤلاء وهؤلاء،** ومن قلب سنوات التيه التى سيطرت على أغلب سنوات

عمرى وهو معلنا قرب وصوله لجزيرة الأربعين عاما، أصرخ فى وجهها برغم طول سنوات التيه الذى استمر بشكل متصل على مدار العشر سنوات الماضية، مرددا صراخى؛

أصرخ بها داعيا كلا إن معى ربى سيهدين

كما وجدنى ضالا فهدانى وبجهلى ضللت مرات ومرات، سهدينى بقدرته مرة أخرى، وأظن أن عصا موسى عليه السلام التى سببها الله عز وجل لينشق بها البحر ويأتى بها الفرج من الحصار ما بين موت بالعدو أو موت بالغرق، أظنها معى ولكنى لا أعلمها بعد كحاله عليه السلام لم يكن يعلم أن تلك العصا سيجعلها الله سببا ليس لنجاته وحده ولكن لنجاة قومه معه برغم سوء نواياهم وضعف إيمانهم.

رب سامحنى إن لم يكن بداخلى يقين سيدنا موسى عندما ناداك ودعاك، ولكنى أدعوك طامعا صارخا ارزقنى اليقين بك وألهمنى بعصا موسى كى تنشق متاهتى وأخرج من ظلمات نفسى إلى نور السالكين فى صراطك المستقيم وهو عليك هين ربى، أصرخ بها وأنا اتخبط داخل سنوات التيه ما أمر به

اليوم ألقاه غدا، **كلا إن معى ربى سيهدين، كلا إن معى ربى سيهدين، كلا إن معى ربى سيهدين.**

طبعا السؤال الداير حاير، أيوه هو السؤال ده؟!

مش ده برده دليل الفاشلين؟! أومال جايب سيرة الكلام ده ليه؟!

برغم إن الكلام يبان إنه من واحد فاشل، لكنه ناجح فى استعانته بالله، بحسن ظنه بالله، بإحساسه بقرب الفرج بانشقاق بحر الهم والكرب بداخله، بدعئه المستميت لله عز وجل بالهداية، بالخروج من سنوات التيه إلى وسع ورحابة والتذاذ القرب من الله جل وعلا.

والفصل ده يا صديقى الفاشل مقصود، بما فيه من ملامح تلوح فى الأفق لنور ربانى فى القلب، مهيأ لإحيائه كما يحيى سبحانه الأرض من بعد موتها، كذلك قلبك!!

جايب سيرة الفصل ده بقصد، عشان ميقولوش علينا إننا أعداء للنجاح يا صديقى!!

جزء منى يخافُك؟!

تكملة لنفس هدف الفصل السابق..

وأرجو قبول اعتذارى يا صديق الفاشـل على تلك الطاقة الإيجابية المقدمة للساعين إلى النجاح (وكأن كتب التنمية البشرية مش مكفياهم!!)، ولكـن يا صديقى قـد تم تهديدى من إحدى أعضاء منظمات النجاح العالمية، وعشان ابن خالة عمة اللى جابت أمه كان شغال فى الحى، واليومين دول هما شـادين جامـد، فخفـت يعملـى مخالفـة إشغال شـارع عـام بحجمى مثلا؟! أو يوصى عليا فادفع بند عن تنفسى على فاتورة الكهرباء، تمام كده زى بند النظافة اللى بندفعـه، وعمـر ما حد طلعلنا وقال أنا تبع بند النظافة اللى بتدفعوه فى فاتورة الكهرباء؟؟!!

هددونى يا صديقى؛ وانت؟ أنا عارفك عايش فى مايـة البطيخ على إحدى المقاهى، أو تحت فتحة التكييف صيفا، وبين قنوات اليوتيوب ونتفليكس وبى إن لتدفئة عقلك بلبن

كامل الدسم شتاءا؟!

وبناء عليه قـررت أن أسـرد ما كنـت كتبتـه سـابقا فى دفـتر كتاباتى، يمكن يحلُّوا عنى يا صديقى، وأعرف أخرج الدليل ده وأطبعه، عشان نفشل بقى براحتنا، ونتعلم العلم الصـحيح فى الفشل المريح..

غمض عيون قلبك عن الكلام ده،، عشـان متحسـش بطاقة الكـلام اللـى بـترفض ضـعف الـنفس، ومحاولـة إصلاحها بفضيحة بجلاجل؟!!

((أصدقك القول يا من لا أعرف عنه شيئا والعكس، هو يعرف جزء منى، أقدمه لـه على طبـق مـن فضـة راضيا بين جدران تلك الصفحات بين يديك الآن، أتركك تفتش داخل نوايا حـروف وكلمـات مـا كتبـت، أصدقك القول يا من لا أعرفه ويعرف جزءٌ منى، إنى قبـل أن أتعاقـد (بفضـل الله عـز وجل وليس لـى مـن الأمـر ولا مـن الفضـل مـن شـىء، على صدور كتابى (رسايل ربانية) فى معرض القاهرة القادم لسنة ٢٠٢٢م كنت أكتب ما يخطر ببالى دون النظر لردود الافعال

على ما كتبت؛

• جزء منى كان يريد ظهور ما أكتبه للنور بفضل الله، طامعا أن يتقبله الله عز وجل فى صحيفتى، آملا أن تلمس كلماتى كعبد من عباد الله قلب عبدا آخر لا أعلمه، لتكون سببا فى إنارة ولو جزء يسير من طريقه إلى الله، راجيا النفع لقلبى مما كتبت وأكتب،

كان هذا الجزء ينظر إلى سيده ومولاه وخالقه نظرة المحب الخائف الوجل أن لا يقبل عمله ويصبح هباء منثورا، أو يكونوا ضمن حشود من ضل سعيهم فى الحياة الدنيا فخابوا وخسروا فى الآخرة أعاذنا الله أن نكون منهم أنا وأنت أخى فى الله.

كانت هذه لمحة من ذاك الجزء داخلى الذى كان لا يريد منك انت يا عبد الله ويا أمة الله شيئا سوى المودة فى القربى ودعوة صادقة للفقير إلى الله بالهداية، أو يكفينى أن أكون سببا أمام ربى أن أنير لك الطريق إلى صراطه المستقيم

سبحانه وتعالى، وسبحان الله منذ أن تعاقدت على نزول كتاب الفقير إلى الله فى معرض الكتاب القادم كأول كتاب بفضل الله يصدر لى من غير حول منى ولا حول، وبتدابير عجيبة فى وصفها بفضل الله سبحانه المدبر.

منذ لحظة التعاقد وقد ظهر جزء آخر داخل نفسى كان خفى عنى:

• جزء ينظر لمن حوله ممن سيقرأون ما كتبت وما سأكتب، ينظر لهم ليس كنظرة الجزء الأول كعباد الله، ولكن ينظر لهم نظرة الحكام على كلماته؟! وكأنهم يملكون بردود أفعالهم ميزان الفلاح والنجاح لما سأكتب سابقه ولاحقه ولا حول ولا قوة إلا بالله، جزء من هول رعبه أصبح سجين خوفه أن يكتب من جديد حتى وإن كانت مجرد حروف مبعثرة بلا ملامح وسط كلمات ضلت عن الطريق وغاب عنها الهدف.

أصدقك القول إن هذه هى المرة الأولى التى أحاول أن أكتب فيها سطور أعبر فيها عن تلك الحالة التى اعترتنى، وذلك الخوف الذى أصابنى، منذ ظهور ذلك الجزء الجديد

فى نفسى، جزء كان يظهر قديما فى أشكال مختلفة، كان يطمع فى رضا الناس وكانت تلك غايته ومبتغاه، وها أنذا أقف أمامك بكلماتى العارية فى حقيقتها، مظهرا ما أخاف وأحذر، مبينا وبشكل واضح الجزء المظلم من نفسى الأمارة بالسوء، المنشغلة بمن حولها عن خالقها، عمن دبر أمرها واوصلها إلى ما هى عليه.

ولعـل سـؤال ينـبض الآن داخلـك، مـاذا أقصـد بتلك السطور؟! ولماذا أصحبك فى جولة داخل جانبى المظلم؟!

أصدقك القول والله أعلى وأعلم إنى أكتب تلك السطور طمعا فى طرد ما سكن داخل قلبى من خوف وهلع منك ومن ردود أفعالك على، كالذى أحرق سفنه بعد ما نزل إلى البر وهو أمام عدوه فلا سبيل إلى الفرار لسفنه من عدوه، لا سبيل أمامـه سوى مواجهـة خوفـه، فالعـدو متمـثلا فى خوفه قابع بجيوشـه أمامـه، والبحـر بأمواجـه مـن خلفـه دون سـبيل لركوبها؟!!

ذلك العدو الذى ظهر داخلى مستلا سيفه وهو نفسى

الهلوعة، متحصنا بردود أفعالك أنت وغيرك يا من تقرأ تلك السطور الآن، أقولها وبكل صدق أنا لا أخاف من ردود أفعالك، ولا أطمع منك إلا أن نكون عبدين لله، أخوين متحابين، اجتمعا سويا في جلسات بين جدران تلك الصفحات، عسى أن تكون تلك الكلمات ها هنا، العارية، الكاشفة لظلمة نفسي، هي سبيلي إلى التحرر من أسر ظلمة نفسي الهلوعة، وتسليم نفسي بما فيها إلى خالقي وخالقها الله سبحانه وتعالى، من دبر أمري وهداني كي أسطر ذلك الخوف الذي اعتراني أمامك يا من لا أعرفه ويعرف جزء مني، سائلا إياك أخيرا أن لا تنسى أخوك الفقير إلى الله من صالح دعائك بالغيب.)).

متزعلش مني يا صديقي الفاشل على الفصلين الرخمين اللي فاتوا، واللي هييقوا تلاتة بالصفحة اللي جاية، معلش عارف إنهم تقال على القلب والعقل.

لكن بقولك هددوني يا صديقي!!

✳✳✳✳✳

تساؤل

أيها المسكين إلى أين ترحالك..

قد بدأ شيبك يطغى ودنى لقاءك..

ما غرك بالكريم..

وما الجواب عند سؤالك؟!

*****

الفشل الجنسى

بما إننا بنتكلم هنا عن دليل للفاشلين، بنحاول نخليه شامل لأخطر الخيوط الرفيعة ما بين الفشل والنجاح، عشان نفضل واقفين فى مكاننا، واحنا فرحانين كده ومبهورين، بكم الفشل اللى متنطور فى أرجاء غرفة حياتنا؟!

وهنا هنتكلم عن الفشل من وجهة المتعلمين بتوع المدارس، اللى دماغهم باظت من الحشو العلمانى الممنهج، للسيطرة على عقول الأجيال الجديدة من البشرية؟!

للتصالح مثلا..

مع وجود الشواذ فى مجتمعاتنا، وإن كان بصورة خفية بعض الشىء، ولكنهم على مستوى الغرب المتحضر أصبح لهم أصدقاء فشلة إيدهم طايلة، حتى الكرتون بتاع العيال الصغيرة حاشيينه ألوان رينمو على الشخصيات وبشكل كده غير ملفت للعقل الواعى، لأنه بيخاطب العقل اللاواعى فى الطفل؟!

هو مش عاوز أكتر من اعتياد الجيل ده على اللون؟! لأنه شغال فى محاور تانية من صناعة أفلام، وندوات، وتصوير لقضيتهم وكأنها أعنف قضية اضطهاد على مستوى تاريخ البشرية؟! وأنت وأنا نعلم جيدا من يقومون بتغذية الأمهات المرضعات؛ من شاشات التلفزيون، وصفحات الجرائد وبرامج إلى آخره.

هم لا يطمحوا فى الوقت الحالى بأكثر من اعتياد النشأ الصغير على ألوان الرينبو، ووضعها على شخصيات كرتونية مسالمة؟! محبوبة؟! ولها شأنها ومعجبيها فى مسلسلات الكرتون؟! (**دقق بنفسك وسترى؟**).

ولا يطلبون منك أنت كجيل تلاتيناتى عجوز سوى زرع داخلك فكرة عدم قدرتك على تغيير الواقع؟! وأن من ضمن هذا الواقع المسلم بيه غصب عنك وعن اللى خلفوك، هو قضية التعاطى والاعتياد مع الشواذ ومع تصدر أخبارهم على حبل الغسيل؟! برغم وجود أخبار لهم سابقا ولكن خططهم لم تكن تحلم وقتها أن تصل إلى هذا المستوى بهذه

السرعة؟!

ولا يطلبون منك كجيل الشباب العشريناتى وما تحتها، سوى الإعتياد أيضا على وجودهم، ولكن هذه المرة من خلال مسلسلات الإنيمى، وفرق الموسيقى الكورية وغيرها ممن يرفعون علم الرينمو فى حفلاتهم، معلنين تأييدهم الصريح لقضية الشواذ،

ومتى بها أصبحت قضية ومحل للنقاش من الأساس؟!

أنتم تعلمون الربط ما بين ألوان الرينمو وبين الشواذ، فقد رسخ لديكم إنه علمهم، ولذلك لا يريدون منكم سوا اعتياد وجودهم داخل الأفلام والمسلسلات، والذى أصبح ظهور فج وطاغى، حملة ممنهجة من حملات كثيرة، تبدأ من مجرد ألوان على شخصيات كرتونية، مرورا بلعب الأطفال، حتى الصبارة الراقصة لم تسلم من تلويثها بألوان هذا الشذوذ، وانتهاءا بالأفلام والمسلسلات والإنمى، والفرق الموسيقية لملحدين بشكل صريح، فماذا ننتظر من قوم لا يجدون حرجا فى مجاهرتهم بعدم وجود إله (والعياذ بالله).

إنها يا صديقى الفاشل خطة، ممنهجة، وموضوعة بدقة من قديم الأزل؟!

خطة تم وضعها من قبل حفنة من الفشلة من الناحية الجنسية؟!

لم يستطيعوا النجاح لكى يعيشوا بشكل طبيعى على الفطرة، الفطرة المجبول عليها جميع البشر، مع اختلاف دياناتهم واعتقاداتهم وعاداتهم وتقاليدهم، ولذلك حتى هذه اللحظة لا يوجد تقبل عالمى صريح بين عموم البشر على التعايش معهم، ولكن فكرة تقبل وجودهم ولو بشكل مستتر فى مجتماعتنا حتى العربية، قد تم نسج خيوط العنكبوت لإيقاع عقولنا تحت وطأة الاعتياد وتقبل فكرة وجودهم حولنا، مستترين بأجسادهم وملابسهم؟!

قوم اعمل كده فنجان قهوة، واقرأ الفصل ده من تانى، وخلى عنيك تطبق الكلام ده على الواقع هتلاقيه موجود حواليك، انت بس وانا وكلنا عشان بنلف فى ساقية الحياة من كسب رزق ومعيشة وأكل وشرب ولبس صيفى وشتوى،

ولبس مدارس، وزى مدرسى بلون جديد عشان اللون القديم موضه وقدمت؟! دوامة تحسها ممنهجة للقضاء على تفكيرك فى الإصلاح، فكر يا صديقى الفاشل؟!

وبص شوف الفشلة بيعملوا إيه؟!

ملحمة من الصبر للوصول إلى هذه النقطة فى قضية واحدة وهى الشواذ!!

لو ركزت كده شوية ورجعت بضهرك لورا، رجعت؟

ارجع بقى مع ضهرك كده بالذاكرة هتلاقى قضايا وحاجات كتيرة كانت زمان صعب ظهورها على وش قفص المجتمع من بره؟! بصرف النظر عن الديانة الغالبة عليه.

ودلوقتى القضايا دى تم الاعتياد عليها وإلفها فى البيئة المحيطة بنا؟!

وللى مش مصدق، عليك وعلى إعلانات اللانجيرى وملابس الداخلية للرجال؟!!

وجه الدور علينا كفشلة إننا نكمل مسيرة أجدادنا الفشلة

الكبار؟!

مالك؟! مستغرب ليه؟!

حاسس إن الموضوع نفسه مجرد الكلام عنه مقزز!! مش كده؟!

بس يا صديقى الفاشل نحن نتعاون بفشلنا معهم، وذلك من دون أن ندرى؟!!!!!

بتتعاون معاهم لما بندخل واحنا مستخبيين على المواقع الإباحية؟!

بتتعاون معاهم لما بتتفرج على أفلام ومسلسلات بتتكلم عن مجتمعهم؟!

بتتعاون معاهم لما مبنقولش للأجيال اللى طالعة جديد عنهم وعن خطورة تقبلهم؟!

ولا بنحكى للشباب عن عظيم عقوبة الله عز وجل لفعل قوم لوط واللى بيعملوه الشواذ دلوقتى عادى؟! لأ دول بقوا بينظموا مظاهرات ولهم شهر بيحتفلوا بيه؟!

فكــك مســميونه شــهر الفخــر؟!!!!! فخــورين بكــونهم شواذ؟!!!!!

بتتعاون معاهم بالسكوت، وبالاستخفاف بحجم قضيتهم، ده احنا بقينا بنعملها كوميك؟!

بتتعاون معاهم كفشـلة من مكاننا؟! وصدقنى لـو فكرت كـده شـوية، وخرجـت بره الساقية اللى انت مربوط فيها (وصـدقنى ولا اللاإلتزامـات هـتخلص ولا السـاقية هتختفى مثلا)،

لو فكرت قليلا هتلاقى تفاصيل كتيرة مستخبية حوالينا، بس أصل الساقية مبتقفش!!!

لو حسيت من جواك بحالة قرف من نفسك؟

وحسيت إنك مش قادر، لأ **الحقيقة انت** مش عاوز تفكر، عشـان مـش أد مواجهتـك لعجزك عـن خروجك مـن دوايـر ضعفك أدام فشلك فى جوانب تانية، واللى بالتبعية بتسـمع فى الركن ده؟!

أزيدك..

هو انت لما بتتفرج على فيلم إباحى، ولا مشهد سخن من فيلم، بتتفرج بس؟!

ولا بتمد إيدك وتعمل ما حرَّمه الله؟! ويا ترى اتعودت ومعرفتش تبطلوا حتى بعد الزواج، صح؟!

شفت بقى يا صديقى إننا بنتعاون مع أجدادنا الفشلة، تعاون بالسكوت، وتعاون بالفعل، والعياذ بالله من ده تعاون..

*****

إخواتنا الملتزمين
مقدمة

حابب أفكرك.. برغم وجعك من الفصـل اللـى فـات، إننا هنا فى دليل الفاشلين، لو عاوز تنجح روح هات كتاب سلاح التلميذ للنجاح اللذيذ؟!!

نكمل بوجعنا ده عشان نخلص؟!

زى مـا فـى فشـل جنسـى، وفشـل وظيفـى، وفشل أسـرى، وفشل نفسى......،

فى كمان فشل دينى؟!

وزى مـا قلنا فى بداية الفصل السـابق، إن أجدادنا الفشـلة بمناهجهم العلمانية، نجحوا فى زرع أفكار وعقائد كتيرة أوى جوانـا، شـغالين بـدون توقـف، ونجـاح نتايجهم بـاين على الأرض؟ فى طريقة تفكير عقولنا؟! وفى استقبال قلوبنا لأوامر الله ونواهيـه فى القرآن الكـريم أو فى السـنة النبويـة، يـا تـرى انشـرحت بهـا صـدرا؟ ولا ضاقت ومبقتش عارفـة تاخـد

نفسها؟!

﴿ فَمَن يُرِدِ ٱللَّهُ أَن يَهْدِيَهُۥ يَشْرَحْ صَدْرَهُۥ لِلْإِسْلَٰمِ وَمَن يُرِدْ أَن يُضِلَّهُۥ يَجْعَلْ صَدْرَهُۥ ضَيِّقًا حَرَجًا كَأَنَّمَا يَصَّعَّدُ فِي ٱلسَّمَآءِ كَذَٰلِكَ يَجْعَلُ ٱللَّهُ ٱلرِّجْسَ عَلَى ٱلَّذِينَ لَا يُؤْمِنُونَ ۝ ﴾ [الأنعام: ١٢٥]

((فمن يشأ الله أن يوفقه لقبول الحق يشرح صدره للتوحيد والإيمان، ومن يشأ أن يضله يجعل صدره في حال شديدة من الانقباض عن قَبول الهدى، كحال مَن يصعد في طبقات الجو العليا، فيصاب بضيق شديد في التنفس. وكما يجعل الله صدور الكافرين شديدة الضيق والانقباض، كذلك يجعل العذاب على الذين لا يؤمنون به)) تفسير السعدى.

فكان لازم مادمنا دخلنا فى الصراع ده، إننا نقوى فشل إخواتنا الملتزمين، اللى فى طريقهم لله عز وجل، عشان يقدروا يكملوا فى طريقم كفشلة يتم الإقتداء بهم عشان يكبر مجتمع الفشلة، ويدخل منحى مختلف، بدخوله فى ذلك المجتمع.

توضيح.. الكلام ده طبعا من وجهة النظر العلمانية البحتة فى فصل الدين عن الحياة واقتصاره على مجرد شعائر فى أقوال وأفعال، لا تخرج عن إطارها التعبدى فى الأماكن المخصصة للعبادة، وغير مسموح على تداول معانى تلك العقيدة الدينية خارج إطارها التعبدى من شعائر مكانية وزمانية؟!!!

*****

أيها الإخوة.. تواكلوا

هو انت ليه قبل ما تلتزم وربنا ينورلك علامات عشان تسلك طريق مع من فيه عباده السالكين، بعد ما دخلت الطريق برغم إنك كنت منحرف شاطر بقيت ملتزم فاشل فى أخدك بالأسباب؟!

طبعا السؤال لدراسة حالة الفشل العجيبة دى، وليس لمحاولة إيجاد حلول؟!

تانى ده دليل خاص بالفاشلين وأى محاولة لسرد بقع من نور للساعين إلى النجاح فهى محض تهديد منهم، حبايبى الفاشلين؟!

الجواب من الأخ م د (تم عمل ذلك احتراما لخصوصية من أجابوا على أسئلتنا).

فى بداية سلوك الطريق إلى الله عز وجل، بتكون مسحوب بقلبك بفرحة، بلهفة، بأمان، بسكينة، براحة قلب وبال، برضا بقضاء الله وقدرته، بتسليم كل لحظة فى حياتك لمن خلقك،

بيقين بحكمته، بتقى عامل زى العيل الصغير اللى فى الفصل، اللى كان كل المدرسة شايفاه فاشل، وفجأة ابتدى يجتهد، وعاوز يبين نفسه للأستاذ اللى بيسأل، ولله المثل الأعلى، **اللى هو يارب عبدك هنا أهو جايلك بيجرى وطالب مغفرتك ورحمتك وعفوك، جايلك هربان من نفسه ومن الشيطان ومن الدنيا، جايلك ورافع إيده لعلك ترضى.**

ويا سلام لما الكلام سطر اللى فوق دول **يتزينوا** بمعرفة جزء من نور الخطى إليه، **سبحانه الودود**، ذلك النور الذى يدخل إلى قلب ميت فيحييه كالأرض الميتة يحييها المطر بفضله، كذلك قلوبنا يحييها بقرآنه وما فيه من إعجاز فى كل العلوم، سبحانه... ﴿أَوَلَمْ يَكْفِهِمْ أَنَّا أَنزَلْنَا عَلَيْكَ ٱلْكِتَبَ يُتْلَىٰ عَلَيْهِمْ إِنَّ فِى ذَٰلِكَ لَرَحْمَةً وَذِكْرَىٰ لِقَوْمٍ يُؤْمِنُونَ ٥١﴾ [العنكبوت: ٥١]

﴿إِنَّ فِى ذَٰلِكَ لَرَحْمَةً وَذِكْرَىٰ لِقَوْمٍ يُؤْمِنُونَ﴾

وذلك لما يحصلون فيه من العلم الكثير، والخير الغزير، وتزكية القلوب والأرواح، وتطهير العقائد، وتكميل

الأخلاق، والفتوحات الإلهية، والأسرار الربانية.

تفسير السعدى

سحبة روحك وهى بتجرى إلى من خلق الروح،

وسكوت النفس بدوشتها أدام من خلقها وأعلم بما فيها من

شرور وأمر بالسوء..

سحبة شبع من طين الدنيا، من أكل وشرب إلا ما يقع

تحت حد الإسراف،

يعنى بتاخد على أد طاقتك، ومن قبل ما تمد إيديك على

الأكل، بتبقى شبعان!!

شبع روحك بيغنيك عن جوع طينة النفس اللى

جواك!!

شوف كده طعم الحديث اللى جاى..

(([عن أنس بن مالك وعبدالله بن عمر وأبي سعيد

الخدري وأبي هريرة وعائشة:] إني لستُ مثلكم، إني

أبيتُ **يُطعِمُني ربي ويَسقيني**)).

الألباني (ت ١٤٢٠)، صحيح الجامع ٢٤٩٩ • صحيح مش معنى سرد الحديث إطلاقا التشبه أو حتى التلميح للوصول إلى مكانة خاصة برسول الله محمد صل الله عليه وسلم.

ولكنها مجرد نفحة من رحمات الله فى أرضه سكنت جوف قلب عليل بشهواته

الشبع ده بييجى للواحد مننا فى بداية طريقه يمكن عشان جوعه الرهيب، واللى صعب وصفه لنور الحق من الله تعالى، ولاً يمكن اتعود على النهم من شهوات الدنيا، ومتفطمش؟! عشان كده لما لقى نفسه إنه أول مرة يدوق طعم الأكل اللى بجد، طعم الأكل والشرب الحقيقى، **غذاء روحه وقلبه استعدادا منه للبدء فى الجهر بإسلامه، لأنه لم يكن مسلما حقا من قبل سوا فى خانة الظيانة فى بطاقته!!!**

ويناء على ما ذكرته..

ترانا نحن المسلمين الجدد (إن صح تسميتنا بذلك)،

تجدنا أصحاب همم وعزيمة فى الدين، مثلا ممكن نروح آخر الدنيا عشان نحضر درس للشيخ فلان، لكن أى مشوار للدنيا بيبقى تقيل على قلوبنا؟!

بنبقى عاوزين طول الوقت عبادة، صلاة، صوم، خلوة، فريضة أو نافلة، المهم أقابل من أحيانى من بعدى موتى، أقابله وفى بيته (مساجد الله فى أرضه).

وطاقتنا كلها تقريبا بتكون بوصلتها ناحية الآخرة،

عاوزين نعوض حبة من اللى فات

وعشان بيبان إننا بتواكل أصاد اللى حوالينا، وخصوصا اللى عارفينا من الأول، من قبل ما ربنا يعرفنا أولى خطوات طريقه، ويدوقنا الإحساس بلذة القرب منه سبحانه وتعالى، **بيبان تواكل لأننا حرفيا وقتها بتتكلم عن الله، فى لحظة بتمر من عمرنا، عاوزينها تبقى فى مرضاة الله، فينما يحبه ويرضيه.**

بنى آدمين بننسى إن رب الأسباب خلق الأسباب فى الأرض لتتبعها، بالتوكل على من يده أمرها، وليس بالتواكل

بعدم فعل شيء تجاه أسباب الله في أرضه.

﴿ إِنَّا مَكَّنَّا لَهُۥ فِي ٱلْأَرْضِ وَءَاتَيْنَٰهُ مِن كُلِّ شَىْءٍ سَبَبًا ﴾ [الكهف: ٨٤ـ٨٥]

((إنا مكّنّا له في الأرض، وآتيناه من كل شيء أسبابًا وطرقًا، يتوصل بها إلى ما يريد مِن فَتْح المدائن وقهر الأعداء وغير ذلك)) التفسير الميسر.

﴿ فَأَتْبَعَ سَبَبًا ۝ ﴾ [الكهف ٨٥]

((فأخذ بتلك الأسباب والطرق بجد واجتهاد)) التفسير الميسر

﴿ ثُمَّ أَتْبَعَ سَبَبًا ۝ ﴾ [الكهف: ٨٩]

((ثم رجع ذو القرنين إلى المشرق متبعًا الأسباب التي أعطاه الله إياها)) التفسير الميسر.

أخطأت وبفضله أكرمني ولم يعجزني بجهلي في ضرورة الأخذ بأسبابه في الأرض!! لم يعجزني عندما علمت بضرورة الأخذ بالأسباب ولكن جوع الروح، عطشها للمزيد من جند

الله كالسكينة، للمزيد من لذة وصاله جل وعلا، للمزيد من الأخذ بفضله وبركته الخاصة بالدار الآخرة، لم يؤاخذني حتى بعجزى عندما أرشدنى للأسباب ولم آخذ بها؟! ولكن طول فترة انقطاعى عن الدنيا، جعلنى عندما رجعت من رحلتى الربانية التى أكرمنى الله بها، شعرت بعد رجوعى وكأنى غريب تائه على كوكب ليس لى فيه سوا خالقى ومدبر أمرى

وكفى به وكيلا ونصيرا وحسيبا فى مواجهة الدنيا بما فيها ومن فيها، ونسيت مرة أخرى وضعفت إرادتى؟!

ولم يعجزنى بفضله وإحسانه مرات ومرات أخرى

انتهى سرد ما قاله الأخ م د

طيب أنا كفاشل استفدت إيه بصوت سيادة المستشار؟!

استفدت حاجات كتير مش حابب أفتكر منها ولا حاجة؟!!

بس كل اللى أقدر أقوله لإخواتنا الملتزمين الفشلة، إنكم لازم تكملوا فى التواكل، متاخدوش بالأسباب، سواء حسيتم من جواكم إنكم مسحوبين بقلوبكم فعلا للدار الآخرة،

ونسيتوا الدنيا.

أو ضعف الإيمان فى قلوبكم، توهتكم الدنيا، وتاهت حلاوة الإيمان فى قلوبكم.

كملوا فى فشلكم الدينى، وتناسوا دار الحق عشان تعرفوا تتواكلوا كويس، لأن مجرد استحضار وقوفنا بين إيد الله عز وجل كافية جدا لرجوع حلاوة الإيمان جوه قلوبنا من تانى.

بس الحذر كل الحذر؟!

لأن رجوعها المرة دى هيبقى شعلة من نور التسليم لدين الله عز وجل، نور يسكن القلب بهدف العمل بما يرضى الله فى كل لحظة، ومع كل نفس، فى أى فكرة تيجى على بالنا هنستحضر نية العيش مع الأخذ بالأسباب،

ولكن؟!

هذه المرة هناك أسباب أخذنا بها، ونظرنا لا يزال نحو المسبب سبحانه وتعالى

بس الفاشل الأقوى هو اللى هيخلى نفسه تسيطر عليه،

وتصرفه عن طاعات الله، عن إنه يفكر أصلا فى أوامر الله ونواهيه، يعيش فى الدنيا، للدنيا، بالدنيا، وينسى إنها ساعة من النهار ورايحين نتسأل عن أعمالنا فيها.

والفاشل الأقوى منه هو اللى هيظهر تواكله وكسله، عشان يخلى غيره من الملتزمين أو غيرهم من مجتمع الفشلة يثبت على عقيدة الكسل والتواكل (والعياذ بالله).

﴿ وَانطَلَقَ الْمَلَأُ مِنْهُمْ أَنِ امْشُوا وَاصْبِرُوا عَلَىٰ ءَالِهَتِكُمْ إِنَّ هَذَا لَشَىْءٌ يُرَادُ ٦ ﴾ [ص: ٦]

﴿وَانطَلَقَ الْمَلَأُ مِنْهُمْ﴾ المقبول قولهم، محرضين قومهم على التمسك بما هم عليه من الشرك.

﴿أَنِ امْشُوا وَاصْبِرُوا عَلَىٰ آلِهَتِكُمْ﴾ أى: استمروا عليها، وجاهدوا نفوسكم في الصبر عليها وعلى عبادتها، ولا يردكم عنها راد، ولا يصدنكم عن عبادتها، صاد.

﴿إِنَّ هَذَا﴾ الذي جاء به محمد، من النهي عن عبادتها ﴿لَشَيْءٌ يُرَادُ﴾ أي: يقصد، أي: له قصد ونية غير صالحة في

ذلك، وهذه شبهة لا تروج إلا على السفهاء، فإن من دعا إلى قول حق أو غير حق، لا يرد قوله بالقدح في نيته، فنيته وعمله له، وإنما يرد بمقابلته بما يبطله ويفسده، من الحجج والبراهين، وهم قصدهم، أن محمدا، ما دعاكم إلى ما دعاكم، إلا ليرأس فيكم، ويكون معظما عندكم، متبوعا)) تفسير السعدى

تفسير الآيات مرعب، ولو عاوز كفاشل تترعب من فشلك زى حالاتى، جرب تطبق معانى الآية:

من أول تحريض اللى حواليك على عبادة هوى نفسه، بتمشيه زى ما هى عاوزه؟! مرورا بالصبر على مناقشة ومجادلة أهل الحق الساعين إلى النجاح فى إرضاء الله سبحانه وتعالى،

وانتهاءا بالطعن فى نوايا اللى بيحاول ينصحك، وبيوضحلك إن فعلك ده حرام.

ركز لأن الهزار شكله قلب بجد؟!!!!

شيخ + كابتن = شابتن؟!

الله يمسيه بالخير ويرزقه الرضا شابتن محمـود داوود، هـو صاحب المصطلح ده.

الفصل ده مواجهة لمعتقد داخلى جوه نفسى، مأخدتش بالى منه غير لما ربنا سبحانه وتعـالى أكرمنى بإطلاق اللحية سنة عن رسول الله محمد صل الله عليـه وسـلم، كمـا ورد عنه فى الحديث الآتى..

[عن عبدالله بن عمر:] انْهَكُوا الشَّوارِبَ، وَأَعْفُوا اللَّحى.

البخاري (ت ٢٥٦)، صحيح البخاري ٥٨٩٣

اكتشفت بعدها من بعد حصلت على ألقاب متعارف عليها وسطنا لأى حد بنشوفه مرَّبى لحيته، وياسـلام لـو شفناه كذا مرة بجلابية (بغض النظر إننا ممكن نكون بنلبس الجلابية أكـتر مـنـه؟!)، ألقـاب زى (شيخ والـدلع شـيخنا، سيدنا، مولانا...)، ألقاب اتحفرت فى أذهاننا لأى حد مربى لحيته

اتباع لسنة رسول الله محمد صل الله عليه وسلم؟!

والصراحة فى البداية كانت الكلمة بتستفزنى، وبدخل فى مناقشة توضيحية للى لقبنى بكده، عشان أفهمه إن مفيش اللى انت بتحكى فيه ده، وشوية وناقص أديله درس عربى عن معنى كلمة شيخ فى المعجم الإشتقاقى المؤصل:

(شيخ): ﴿ثُمَّ لِتَبْلُغُوا أَشُدَّكُمْ ثُمَّ لِتَكُونُوا شُيُوخًا﴾ [غافر: ٦٧]

"الشيخ: الذي استبانت فيه السِّنُّ، وظهر عليه الشَّيْبُ.. من الخمسين إلى الثمانين".

المعنى المحوري في ضوء ما في تركيب (شخخ) يمكن أن يكون معنى هذا التركيب: **جفاف البدن وذبول نضارته؛ لذهاب طَراءة الشباب وغَضاضته من أثنائه: كحال الشيخ** ﴿ثُمَّ لِتَكُونُوا شُيُوخًا﴾ وليس في القرآن من هذا التركيب إلا (شيخ) و (شيوخ). ومنه الشاخة: المعتدل **(كأن المقصود: الضامر، والضمور درجة من جفاف البدن))**.

علما بإن ولا معنى منهم يحتاج منى تعب وشقى عشان

أقدر بفضل الله وحوله وقوته إنى أستحق لقب شيخ،

الموضوع يحتاج فقط إلى مرور السنوات بنا للحصول على ذلك اللقب من وجهة نظر اللغة العربية

وكله كوم وإن الناس تستفتينى فى الشارع فى أمور دينها ودنياها ده كوم تانى؟! شىء يدعو للاستغراب الممزوج بصرخة لعل تلك الصراخة تفيق داخلنا المعنى الحقيقى لكلمة شيخ.

لنعود من جديد من بعد الصراخ والإفاقة، **نعود نستفتى من هم أهل للعلم،** يا راجل ده انت لما بيحصلك حاجة فى شغلك، ناقص تبعت رسالة لمارك بتاع الفيس بوك، بيل جيتس بتاع أبل، وللراجل بتاع مايكروسوفت اللى معرفش اسمه؟!! تبعتلهم رسالة ولا تعمل معاهم مقابلة على زووم عشان تاخد رأيهم فى فكرة المشروع مع عم عبده بتاع البوفيه، إنه يعمل سندوتشات لانشون وجبنة رومى وبيض للموظفين، عشان نقب بقى على وش البزنس؟!! وتلاقى هو ذات نفس الشخص ممكن يسأل أى واحد لابس جلابية

ومرَّبى لحيته عن أمور دينه ودنياه، بدون حتى ما يراعى أبسط الأشياء وهو معرفة هل الراجل ده فعلا على علم ولا مسلم عادى سمع حديث لرسول الله صل الله عليه وسلم، وطبقه على نفسه، ومش بعيد يكون واقع فى باقى أمور الدين، أو جاهل بيها، وممكن برده يكون عكس ده ونظرتك فيه صحيحة إن ربنا أنعم عليه بالعلم.

قصد كلامى إنك بتاخد بالأسباب فى نقطة الدنيا، وتيجى عند الدين وتترخص بفتوى من أى حد وخلاص، أصلك مش فاضى تدوَّر؟!!

نرجع لكلامنا..

اتنقلت بعدها من مرحلة المناقشة بخصوص الألقاب السابق ذكرها من أمثال (شيخنا، مولانا.....)، لمرحلة الصمت وتقبل العادة المجتمعية فى إطلاق هذه الألقاب على من هم بهذا الشكل الدينى الظاهر، **بس الغريب والملفت بشكل فج إنى لقيت نفسى بعمل كده برضه زيهم مع غيرى ممن أطلقوا لحيتهم، ويرده مش فارقه جلابية من عدمها؟!!**

واتنقلت بعدها للعقيدة المحفورة فى اللاوعى ولا كإنها نخلة مزروعة من سنين جوايا، بس يمكن عشان كانت موجودة فى حتة كده مقطوعة جوايا ومحدش من قلبى ولا عقلى بيعدوا منها، وهوب لما ربنا بفضله أكرمنى ونورلى الركن الضلمة ده جوايا، لقيتلك يا أخى النخلة دى؛ عقيدة مغروسة فى العقل الباطن..

مادمت مرّبى لحيتك ويتلبس جلابية، يبقى علاقتك بالنجاح فى الدنيا المفروض تكون صباح الخير يا نجاح فى الدنيا، صباح النور يا شيخ أحمد؟!!

أو ممكن لو حابب تروح تقعد فى مسجد عند المدافن تنتظر الموت، وطبعا ده فشل دينى فاخر من الآخر، ليفل الوحش فى علاقة الدين بالدنيا؟!

واستغرب أوى شكلى لو لبست بدلة ولا طقم كاجوال كده مزهزه كده ومنورنى، اللى هو صوت شيطانى جوايا بيقول.. عيب عليك يا شيخ احترم شكلك يا أخى؟!

هو امتى حلال ربنا حرّمته على نفسى من جوايا،

من غير رجوع لكتاب الله وسنة رسوله؟!!!

استغراب غريب وعجيب ومريب، حتى بعد ما سمعت من شابتن محمود فى فيديو له، قابلته نفسه المشكلة، اللى هو انت إزاى شيخ كده وبتلعب رياضة؟! لأ وكمان جسمك رياضى وفاتح جيم إسلامى؟!

ناقص كمان تقولى إنك بتلبس تيشرتات كده عادى، وممكن تلبس بدلة برده؟!

نخلة مزروعة جوانا، عقيدة وليها جذور مغروسة فى قلب قلوبنا، **عقيدة بتقول إن الشكل ده يبقى شيخ؟!** وومكن تسأله على أى حاجة وتاخد رأيه فيها سواء كانت تخص دنياك أو آخرتك؟! وعشان هو شيخ فمكانه المسجد وبس؟! ومينفعش يلبس غير جلابية؟! ولو لبس غير كده نتريق عليه عشان عايش دور مش دوره؟! ولو عمل غلط يبقى أظهر نواياه الخبيثة التى حاول إخفائها بداخله من ساعة ما اتولد بلحيته دى؟! وها قد ظهر الحق وزهق الباطل؟! ولازم يكون مبيعملش غلط خالص؟! ولا بيغضب؟! حمامة سلام بيضاء

عايشة وسطنا؟!

شوية معتقدات كده قمة فى الفشل الدينى؛

وهى تناقش تصور شكل المسلم الحقيقى بعيدا عن الكتاب والسنة؟!

﴿ مُّحَمَّدٌ رَّسُولُ ٱللَّهِ وَٱلَّذِينَ مَعَهُۥٓ أَشِدَّآءُ عَلَى ٱلْكُفَّارِ رُحَمَآءُ بَيْنَهُمْ تَرَىٰهُمْ رُكَّعًا سُجَّدًا يَبْتَغُونَ فَضْلًا مِّنَ ٱللَّهِ وَرِضْوَٰنًا سِيمَاهُمْ فِى وُجُوهِهِم مِّنْ أَثَرِ ٱلسُّجُودِ ذَٰلِكَ مَثَلُهُمْ فِى ٱلتَّوْرَىٰةِ وَمَثَلُهُمْ فِى ٱلْإِنجِيلِ كَزَرْعٍ أَخْرَجَ شَطْـَٔهُۥ فَـَٔازَرَهُۥ فَٱسْتَغْلَظَ فَٱسْتَوَىٰ عَلَىٰ سُوقِهِۦ يُعْجِبُ ٱلزُّرَّاعَ لِيَغِيظَ بِهِمُ ٱلْكُفَّارَ وَعَدَ ٱللَّهُ ٱلَّذِينَ ءَامَنُوا۟ وَعَمِلُوا۟ ٱلصَّٰلِحَٰتِ مِنْهُم مَّغْفِرَةً وَأَجْرًا عَظِيمًۢا ۝ ﴾ [الفتح: ٢٩]

((﴿رُحَمَآءُ بَيْنَهُمْ﴾ أي: متحابون متراحمون متعاطفون، كالجسد الواحد، يحب أحدهم لأخيه ما يحب لنفسه، هذه معاملتهم مع الخلق، وأما معاملتهم مع الخالق فإنك ﴿تَرَاهُمْ رُكَّعًا سُجَّدًا﴾ أي: وصفهم كثرة الصلاة، التي أجل أركانها الركوع والسجود.

﴿يَبْتَغُونَ﴾ بتلك العبادة ﴿فَضْلًا مِنَ اللهِ وَرِضْوَانًا﴾ أي:

هذا مقصودهم بلوغ رضا ربهم، والوصول إلى ثوابه.

﴿سِيمَاهُمْ فِي وُجُوهِهِمْ مِنْ أَثَرِ السُّجُودِ﴾ أي: قد أثرت العبادة -من كثرتها وحسنها- في وجوههم، حتى استنارت، لما استنارت بالصلاة بواطنهم، استنارت [بالجلال] ظواهرهم.

﴿ذَلِكَ﴾ المذكور ﴿مَثَلُهُمْ فِي التَّوْرَاةِ﴾ أي: هذا وصفهم الذي وصفهم الله به، مذكور بالتوراة هكذا.

وأما مثلهم في الإنجيل، فإنهم موصوفون بوصف آخر، وأنهم في كمالهم وتعاونهم ﴿كَزَرْعٍ أَخْرَجَ شَطْأَهُ فَآزَرَهُ﴾ أي: أخرج فراخه، فوازرته فراخه في الشباب والاستواء.

﴿فَاسْتَغْلَظَ﴾ ذلك الزرع أي: قوي وغلظ ﴿فَاسْتَوَى عَلَى سُوقِهِ﴾ جمع ساق، ﴿يُعْجِبُ الزُّرَّاعَ﴾ من كماله واستوائه، وحسنه واعتداله، كذلك الصحابة رضي الله عنهم، هم كالزرع في نفعهم للخلق واحتياج الناس إليهم، فقوة إيمانهم وأعمالهم بمنزلة قوة عروق الزرع وسوقه، وكون الصغير والمتأخر إسلامه، قد لحق الكبير السابق ووازره وعاونه على ما هو عليه، من إقامة دين الله والدعوة إليه، كالزرع الذي أخرج

شطأه، فآزره فاستغلظ، ولهذا قال: ﴿لِيَغِيظَ بِهِمُ الْكُفَّارَ﴾ حين يرون اجتماعهم وشدتهم على دينهم، وحين يتصادمون هم وهم في معارك النزال، ومعامع القتال..﴾ تفسير السعدى.

ونسينا الحديث النبوى..

(([عن أبي هريرة:] **الْمُؤْمِنُ الْقَوِيُّ خيرٌ وأَحَبُّ إلى اللهِ مِنَ الْمُؤْمِنِ الضَّعيفِ**، وفي كلِّ خيرٌ، **احرِصْ على ما ينفَعُكَ، ولا تَعجِزْ**، فإنْ غلَبَكَ أمرٌ فقُلْ: قدَرُ اللهِ وما شاءَ فعَل، وإيَّاكَ واللَّوَّ؛ فإنَّ اللَّوَّ تفتَحُ عمَلَ الشَّيطانِ)).

الألباني (ت ١٤٢٠)، صحيح ابن ماجه ٣٣٧٩ • صحيح

مش بقولك عقيدة مشوهة تحاكى تصور الفشل الدينى فى ليفل الوحش؟!

وهى تعادل فى نفس الوقت شهادة مقارنة الأديان من جامعة البقر فى نيوزيلندا؟!!

لكل فاشل يحوى داخل قلبه تلك النخلة،

رجاء يا صديقى اقطف بلحها واجعلها حديقة؟!

تحت شعار علًى عليا فى الحتة ديا؟!

الخاتمة

كتر خيرك إنك وصلت لحد هنا صديقى الفاشل!!

كنت خايف لتزهق وتمل قبل ما توصل لنهاية الدليل، واللى مش ناوى أطول فيها، ولا حتى حابب أدخل فيها سخرية..

لأن زى ما فى هم يضحك فى كمان هم يبكى هتلاقيه موجود فى صفحات الدليل؟!

لم يكن المقصد من الدليل الهزار والسخرية من الواقع الفاشل اللى بنعيشه سواء داخلنا أو خارجنا مع الآخرين؟ كان المقصود حفر طريق جوه اللاوعى عندك وعندى، وحفر طريق تانى موازى له فى العقل الواعى، ونخليهم يتلاقوا فى نقطة نظام، تكون بداية الطريق لتحدى جذور الفشل بأنواعه جواك.

تقاطع طريق محدش فى الحياة مبيمرش عليه، بين عقائد

متخزنة فى عقله اللاواعى، وبين واقع منقول بمشاهد حقيقية آنية إلى عقله الواعى، وبإيد كل واحد فينا يرجع فأى طريق فيهم؟!

يا يسلك طريق اللاواعى ويتوه مع التايهين فى الدنيا وما أكثرهم، **يا يروح مع عقله الواعى المادى البحت** واللى عنده كل حاجة ليها معطيات للناس، مادام عملها فالنتيجة هى دائمًا بحتمية الوصول للنجاح، دون أدنى بصيرة بالقلب لمسبب الأسباب والعياذ بالله.

أما الراشد؟ من أنار الله قلبه وشرحه للإسلام، وزين له الإيمان.. ﴿ وَلَٰكِنَّ ٱللَّهَ حَبَّبَ إِلَيْكُمُ ٱلْإِيمَٰنَ وَزَيَّنَهُۥ فِى قُلُوبِكُمْ وَكَرَّهَ إِلَيْكُمُ ٱلْكُفْرَ وَٱلْفُسُوقَ وَٱلْعِصْيَانَ أُو۟لَٰٓئِكَ هُمُ ٱلرَّٰشِدُونَ ۝ ﴾ [الحجرات: ٧]

((**ولكن الله حبب إليكم الإيمان وحسَّنه في قلوبكم، فآمنتم،** وكرَّه إليكم الكفرَ بالله والخروجَ عن طاعتِه ومعصيته، أولئك المتصفون بهذه الصفات هم الراشدون

السالكون طريق الحق)). تفسير السعدى

الراشد.. هتلاقيه شق طريق جمع فيه ما بين العقائد الفاسدة المزروعة فى اللاوعى جواه، تم زرعها من ماكينة العلمانية العالمية لإنشاء جيل هش دينيا، **جيل دينه لا يتعدى كونه شعائر؟!**

برغم ترديدنا **بإياك نعبد ولا نعبد الهوى، وبإياك نستعين..**

فلا نستعين على طاعتك ولا على البعد عن معصيتك إلا بك،

لا نستعين فى مواجهة فشلنا بجميع أنواعه إلا بك،

لا نستعين فى مواجهة هوى نفوسنا إلا بك،

لا نستعين فى مواجهة الدنيا بشهواتها إلا بك،

لا نستعين فى مواجهة كسلنا وضعفنا وجهلنا إلا بك،

لا نستعين فى مواجهة شيطان يزين لنا أن نأكل من شجرة شهواتنا المحرمة، كما أغوى أبونا آدم عليه السلام **إلا بك.**

فاستعن بالله يا صديقي ولا تعجز، فكل شيء بيده هيِّن وبكن فيكون منه سبحانه وتعالى قادر على إنزال الغيث من بعد قنوطك ويأسك.

قادر على ينزل ذلك الغيث على مناطق الفشل داخل قلبك وعقلك..

ولتبدأ حياتك من الآن بأولى نبضات قلبك المستعين بحول الله وبقوته..

﴿ وَهُوَ ٱلَّذِى يُنَزِّلُ ٱلْغَيْثَ مِنۢ بَعْدِ مَا قَنَطُوا۟ وَيَنشُرُ رَحْمَتَهُۥ وَهُوَ ٱلْوَلِىُّ ٱلْحَمِيدُ ۝ ﴾ [الشورى: ٢٨]

((والله وحده هو الذي ينزل المطر من السماء، فيغيثهم به من بعد ما يئسوا من نزوله، وينشر رحمته في خلقه، فيعمهم بالغيث، وهو الوليُّ الذي يتولى عباده بإحسانه وفضله، الحميد في ولايته وتدبيره)) التفسير الميسر.

ولا تنسى الدعاء لغيرك من عباد الله التائهين بالرجوع إلى

الله، وبالانتصار فى معاركهم مع أنواع الفشل التى ذكرناها هـا هنا فى الدليل، وغيرها ممن أنسانى الشيطان ذكرها.

والله من وراء القصد..

وهو المعين والمستعان.

صديقك أحمد فؤاد..

أوائل شهر ربيع أول، لسنة ١٤٤٣ هجرية

الموافق منتصف شهر نوفمبر لسنة ٢٠٢١ ميلادية.

((عن أنسِ بنِ مالِكٍ قالَ كانَ رسولُ اللهِ ﷺ إذا غزا قالَ اللَّهمَّ أنتَ عَضُدي ونصيري بِكَ أحولُ وبِكَ أصولُ وبِكَ أقاتِلُ)). صحيح أبي داود ٢٦٣٢ • صحيح

((علَّمَ النَّبيُّ ﷺ أمَّتَه التَّوجُّهَ إلى اللهِ في كلِّ الأحوالِ، وفي هذا الحديثِ يقولُ أنسُ بنُ مالِكٍ رَضِيَ اللهُ عنهُ: «كان رسولُ اللهِ ﷺ إذا غَزا»، أي: إذا خَرَجَ للغَزْوِ، وهو مَوضِعُ شِدَّةٍ وكَرْبٍ، ولا مُفرِّجَ للكُرباتِ إلَّا اللهُ– دَعا اللهَ عزَّ وجلَّ و**قال: اللَّهمَّ أنتَ عَضُدي**»، أي: قُوَّتي ومُعتَمَدي الَّذي أعتَمِدُ عليهِ، «**ونَصِيري**»، أي: المُعينُ والمُغيثُ بالنَّصرِ، «**بِكَ أحُولُ**»، أي: بِكَ أدفَعُ الضَّررَ، وكيْدَ العدُوِّ، «**ويِكَ أصولُ**»، أي: وبِكَ أحمِلُ على العدُوِّ وأستأْصِلُه، «**ويِكَ أقاتِلُ**»، أي: أقْدِرُ على قِتالِ أعدائِك، وهذا كلُّه مِن تسليمِ الأمرِ للهِ؛ فمِنْه الحولُ والقوَّةُ)).

وفي الحديثِ: الاستعانةُ باللهِ في الكُرباتِ والالتِجاءُ إليه وقْتَ الكَرْبِ.

(مصدر الشرح: الدرر السنية)

وعَنِ الحَسَنِ:

"عَقَبَةٌ واللهِ شَدِيدَةٌ، مُجاهَدَةُ الإنْسانِ نَفْسَهُ وهَواهُ أَوْ عَدُوَّهُ الشَّيْطانَ"

أيها الفاشل التائه استعد لغزو نفسك بما يرضى الله عز وجل..

واستعن بالله ولا تعجز.

((ما جلَس رسولُ اللهِ صلَّى اللهُ عليه وعلى آلِه وسلَّم مجلِسًا، ولا تلا قُرآنًا، ولا صلَّى صلاةً، إلَّا ختَم ذلكَ بكلِماتٍ، قالَتْ: فقُلْتُ: يا رسولَ اللهِ، أراك ما تجلِسُ مجلِسًا ولا تتلو قُرآنًا، ولا تُصلِّي صلاةً، إلَّا ختَمْتَ بهؤلاءِ الكلِماتِ، قال: نَعم، مَن قال خيرًا خُتِمَ له طابَعٌ على ذلكَ الخيرِ، ومَن قال شرًّا، كُنَّ له كفَّارةً:

سُبحانكَ ويحمدِكَ، لا إلَه إلَّا أنتَ، أستغفِرُكَ وأتوبُ إليكَ

عائشـــة أم المـؤمنين • الــوادعي (ت ١٤٢٢)، الصـحيح المســند ١٦١٩ • صحيح

*****

الفهرس

*****